多媒体环境下
高校教师心理与管理创新研究

程　晨◎著

吉林出版集团股份有限公司

图书在版编目（CIP）数据

多媒体环境下高校教师心理与管理创新研究 ／ 程晨
著 . 一 长春 ：吉林出版集团股份有限公司，2021.9
ISBN 978-7-5731-0460-1

Ⅰ . ①多… Ⅱ . ①程… Ⅲ . ①高等学校－教师心理学
－研究 Ⅳ . ① G443

中国版本图书馆 CIP 数据核字（2021）第 195354 号

多媒体环境下高校教师心理与管理创新研究

著　　者	程　晨
责任编辑	滕　林
封面设计	林　吉
开　　本	787mm×1092mm　　1/16
字　　数	220 千
印　　张	10
版　　次	2021 年 12 月第 1 版
印　　次	2021 年 12 月第 1 次印刷
出版发行	吉林出版集团股份有限公司
电　　话	总编办：010-63109269
	发行部：010-63109269
印　　刷	北京宝莲鸿图科技有限公司

ISBN 978-7-5731-0460-1　　　　　　　　　定价：82.00 元

前言

　　作为社会组织的我国高校,肩负着"培养高级专门人才、发展科学技术文化、促进社会主义现代化建设"的职责,履行好这些职责,提高教育质量,既是高校的目标,也是高校的生命线,而高校职责的履行和教育质量的提高要求作为办学主体的教师有工作积极性。由于管理是管理者使被管理者同自己一起工作并通过被管理者来达到组织目标的过程,也就是调动被管理者工作积极性的过程,因此,从管理的角度来看,有效激励教师,最大限度地调动他们的工作积极性,是高校管理的重要任务,也是值得研究者探讨的课题。

　　本书不仅阐述了基于高校教师需求的激励之内涵、优势和理论依据,分析教师的心理需求,描述高校教师的激励现状特别是指出当前高校教师激励存在的问题,还在于面向高校管理的实际,解决高校教师激励和管理实践中的现实问题,提出基于高校教师需求的激励对策,因此,本研究具有较强的实践意义。主要表现为:第一,有助于高校分析和正视教师激励存在的问题,意识到基于高校教师需求激励的必要性,采取有效的基于高校教师需求的激励对策,从而极大地调动教师的教学和科研工作积极性;第二,有助于激发高校教师的创造力和创新能力。创新是高等教育发展的不竭动力,高校创新在整个国家创新体系中占据非常重要的地位,教师创新是高校创新的主力军。基于高校教师需求的激励不但可以实现教师个人价值目标,还可以实现其高层次的追求——创新需求,是激发和培养教师创造力和创新能力的直接途径,有助于提高高校教师知识创新的数量和质量,为社会知识创新提供条件和保障,最终促进教育创新;第三,有助于提高教学质量和学生素质。高校教育质量的焦点应是高校的教学质量和学生素质。一般来说,在学生能力基本稳定的情况下,高校教师的激励程度将直接影响他们的教学积极性,并进而影响教学质量和所培养学生的素质。激励是教育固有的构成要素,如果激励缺位就连基本的知识传播都难以实现,更谈不上学生素质的提高了,因此,基于高校教师需求的激励,不仅有助于提高教师的工作积极性,还有助于提高教学质量和学生素质。

　　由于本人学识有限,时间仓促,书中不足之处在所难免,望各位读者、专家不吝赐教。

目 录

绪论 多媒体概述

人们感知客观世界，从外界获得信息，83% 通过视觉，11% 通过听觉，1% 通过味觉，1.5% 通过触觉，3.5% 通过嗅觉。多媒体信息不仅能够加速和改善理解，提高兴趣和注意力，而且大大提高了获得信息的效率。多媒体技术促进了计算机科学及其相关学科的发展和融合，开拓了计算机在日常工作和生活各个领域的广泛应用，从而对社会生产结构和人们的生活方式产生了重大的影响。多媒体技术加速了计算机进入家庭和社会各个方面的进程，给人类的工作和学习带来了一场革命。

本章将介绍多媒体及多媒体技术的有关概念、多媒体技术的特点、多媒体计算机的基本硬件配置和软件环境、多媒体技术的应用与发展趋势等知识。

多媒体技术是现代计算机技术的重要发展方向，同时也是现代计算机技术发展最快的领域之一。多媒体计算机技术与通信技术、网络技术的融合与发展，打破了时空和环境的限制，涉及计算机出版业、远程通信、家用音像电子产品、电影与广播等主要工业范畴，从根本上改变了人类的生活方式和现代社会的信息传播方式，是社会信息化高速公路的基础。

一、多媒体及其功能

在介绍多媒体技术之前，首先了解一些多媒体的基本概念及多媒体技术的主要特点。

（一）基本概念

1. 媒体

媒体（Media）可以理解为人与人或人与外部世界之间进行信息沟通、交流的方式与方法，是信息传递的载体。

根据国际电信联盟关于媒体的定义，媒体主要包括以下五大类：感觉媒体、表示媒体、显示媒体、存储媒体和传输媒体，其核心是表示媒体，即信息的存在形式和表现形式。例如，日常生活中的报纸、电视、广播、广告、杂志等，借助于这些载体，信息得以交流传播。如果对这些媒体的本质进行详细分析，就可以找到媒体传递信息的基本元素，主要包括声音、图片、视频、影像、动画和文字等。它们都是媒体的基本组成部分。

在计算机领域中，媒体曾被广泛译作"介质"，指的是信息的存储实体和传播实体。现在一般译为"媒体"，表示信息的载体。

媒体在计算机科学中主要包含两层含义。其一是指，信息的物理载体，比如，磁盘、光盘、磁带、卡片等。另一种含义是指，信息的存在和表现形式，比如，文字、声音、图像、视频等。多媒体技术中所称的媒体是指后者，即多媒体技术不仅能处理文字、数据之类的信息媒体，而且还能处理声音、图形、图像等多种形式的信息载体。

2. 多媒体

多媒体（Multimedia）来自英文 Multimedia，该词由 multiple（多）和 Media（媒体）复合而成，而对应的单媒体是 Mono—media。简单理解，多媒体是指两个或两个以上单媒体的有机组合，意味着"多媒介"或"多方法"。

在日常生活中，媒体传递信息的基本元素是声音、文字、图像、动画、视频、影像等，这些基本元素的组合，就构成了大千世界的各种信息。计算机中的多媒体就是指将文字、图形、图像、音频、视频和动画等基本媒体元素，以不同形式组合，以达到传递信息为目的的有机集合。

3. 超链接

超链接（Hyper Link）来源于网页，在本质上属于网页的一部分。它是一种网页之间或网页与站点之间连接的方式。之所以称为超链接，是由于在打开连接的内容之前，无法知道具体内容是什么，也不知道内容存放的地点在哪里，甚至不需要知道具体位置，因此，把这种连接关系称为"超链接"。各种网页元素通过超链接连接在一起后，才能真正构成一个网站。

超链接的内容可以是一个网页，也可以是相同网页上的不同位置，还可以是一张图片、一个电子邮件地址、一份文件或者是一个应用程序。

4. 超文本

在普通的文本中加入超链接，就形成了超文本（Hyper Text）。超文本是一种使文本、图形与计算机信息之间的组织形式。它使得单一的信息元素之间相互交叉引用，这种引用并不是通过复制来实现的，而是通过指向被引用的地址字符串来获取相应的信息，是一种非线性的信息组织形式。

5. 超媒体

在普通的多媒体信息中加入超链接就形成了超媒体（Hyper Media）。利用超链接组织起来的文件，不仅仅是文本，而且可以是图、文、声、像及视频等媒体元素的文件,这种多媒体信息就构成了超媒体。

6. 流媒体

流媒体(Streaming Media),是应用流式传输技术在网络上传输多媒体文件(音频、视频、动画或者其他多媒体文件)的方法。流式传输方式是将整个多媒体文件经过特殊的压缩方式,分成一个个压缩包,然后由视频服务器向用户计算机连续、实时传送。

在采用流式传输方式的系统中,用户不必像采用下载方式那样,等到整个文件全部下载完毕才开始运行文件,而是只需经过几秒或几十秒的启动延时,即可在用户的计算机上利用解压设备(硬件或软件),对压缩的多媒体文件解压后进行播放和观看。此时,多媒体文件的剩余部分,将在后台的服务器内继续下载,实现"边下载、边播放,前台播放、后台下载",以减少用户的等待时间。

(二)多媒体技术的特点

早期的计算机由于受到计算机技术、通信技术的限制,只能接收和处理字符信息。字符信息被人们长期使用,其特点是处理速度快、存储空间小,但形式呆板,仅能利用视觉获取,靠人的思维进行理解,难以描述对象的形态、运动等特征,不利于完全真实地表达信息的内涵。图像、声音、动画和视频等单一媒体,比字符表达信息的能力更强,但均只能从一个侧面反映信息的某方面特征。

多媒体技术是一门综合的高新技术。它是集声音、视频、图像、动画等多种媒体于一体的信息处理技术,可以接收外部图像、声音、影像等多种媒体信息,经过计算机加工处理后,以图片、文字、声音、动画等多种形式输出,实现输入、输出方式的多元化,突破了计算机只能处理文字、数据的局限,使人们的工作、生活更加丰富多彩。

多媒体技术所处理的文字、数据、声音、图像、图形等媒体信息,是一个有机的整体,而不是一个个"独立"信息的简单堆积,多种媒体间无论在时间上还是在空间上,都存在着紧密的联系,具有同步性和协调性的特点。

多媒体技术的主要特点如下:

1. 多样性

多媒体技术的多样性体现在信息采集或生成、传输、存储、处理和显现的过程中,主要涉及多种感知媒体、表示媒体、传输媒体、存储媒体或呈现媒体,或者多个信源或信宿的交互作用。

这种多样性不是指简单的数量或功能上的增加,而是质的变化。例如,多媒体计算机不但具备文字编辑、图像处理、动画制作,及通过网络收发电子邮件(E-mail)等功能,又有处理、存储、随机地读取包括声音在内的视频的功能,能够将多种技术、多种业务集合在一起。

2.集成性

多媒体技术是结合文字、声音、图形、图像、动画、视频等各种媒体的一种综合应用,是一个利用计算机技术来整合各种媒体信息的系统,它集多种媒体信息于一体。

媒体依其属性的不同,可分成文字、音频和视频。文字又可分成字符与数字,音频可分为语言和音乐,视频又可分为静止图像、动画和视频,多媒体系统将它们集成在一起,经过技术处理,使它们能综合发挥作用。

3.交互性

所谓交互性是指人的行为与计算机的行为相互交流沟通的过程,这也是多媒体与传统媒体最大的不同。电视教学系统虽然也具有"声、图、文"并茂的多种信息媒体,但是,电视节目的内容是事先安排好的,人们只能被动地接受播放的节目,而不能随意选择感兴趣的内容。这个过程是单方向的,而不是双向交互性的。

4.协同性

每一种媒体都有其自身规律,各种媒体之间必须有机地配合才能协调一致。协同性是指协调两个或者两个以上的单媒体,协同一致地完成某一目标的过程或能力,多种媒体之间的协调,及时间、空间和内容方面的协调,是多媒体的关键技术之一。

5.实时性

所谓实时性是指,在多媒体系统中,多种媒体间无论在时间上还是在空间上,都存在着紧密的联系,具有同步性和一致性的性质。例如,声音及活动图像是强实时的,多媒体系统提供同步和实时处理的能力。这样在人的感官系统允许的情况下进行多媒体交互,就好像面对面一样,图像和声音都是连续的。

多媒体之所以能够迅速发展和广泛应用,是由于计算机技术、网络技术和数字处理技术的突破性进展。所以,通常广义上的"多媒体"并不仅仅指多媒体本身,而是指处理和应用它的包括硬件和软件在一起的一整套技术,即多媒体技术。

二、多媒体的产生

多媒体计算机技术在 20 世纪 80 年代兴起,在 20 世纪 90 年代得到迅速发展和广泛应用。

多媒体计算机是指,具有多媒体功能,符合多媒体规范的计算机。1990 年 11 月,在 Microsoft 公司的主持下,Microsoft、IBM、Philips、NEC 等较大的多媒体计算机厂商召开了多媒体开发者会议,成立了多媒体计算机市场协会,进行多媒体标准的制定和管理。该组织根据当时计算机的发展水平,制定了多媒体计算机的基本标准MPC1,对多媒体计算机硬件规定了必须达到的技术要求。

1995年6月,该组织更名为"多媒体PC工作组",公布了新的多媒体计算机标准,即MPC3。

MPC3的基本要求如下:

①微处理器:Pentium75MHz或更高主频的微处理器;

②内存:8MB以上内存;

③磁盘:1.44MB软驱,540MB以上的硬盘;

④图形性能:可进行颜色空间转换和缩放;视频图像子系统在视频允许时可进行直接帧存取,以15位/像素、352×240分辨率、30帧/秒播放视频,不要求缩放和裁剪;

⑤视频播放:编码和解码都应在15位/像素、352x240分辨率、30帧/秒(或352x288分辨率、25帧/秒),播放视频时支持同步的声频/视频流,不丢帧;

⑥声卡:支持16位声卡,波表合成技术,MIDI播放;

⑦CD—ROM:四倍速光驱,平均访问时间为250ms,符合CD—XA规格,具备多段式能力。

MPC标准规定了多媒体计算机的最低配置,同时,对主机的CPU性能、内存容量、外存容量及屏幕展示能力等做了相应的规定。可用一个简单的公式表示为:

MPC= 微型机(PC)+CD—ROM+ 声卡

一台普通PC加上声卡和CD—ROM驱动器,就能处理声音和获取较大容量的数据,具备多媒体的基本特性。

多媒体计算机的出现,是随着Pentium CPU的出现而出现的,是随着Pentium MMX指令集中包含了57条多媒体处理指令而发展起来的。多媒体是将多种信息媒体有机组合,能够全方位地传递包括文字、声音、图形、图像、动画、视频等媒体信息,并且具有人机交互功能的一种综合技术。

三、多媒体元素及其特征

多媒体元素是指多媒体应用中可以显示给用户的媒体组成元素。涉及大量不同类型、不同性质的媒体元素,这些媒体元素数据量大,同一种元素数据格式繁多,数据类型之间的差别极大。

（一）文本

文本（Text）就是习惯使用的文字字符集合。其中包括字体（Font）、字形（Style）、字号（Size）、颜色（Color）、修饰（Effect）等属性，是使用最悠久、最广泛的媒体元素，也是信息最基本的呈现形式，其最大优点是占用存储空间小，显示速度快，但形式呆板，仅能利用视觉获取，靠人的思维进行理解，难于描述对象的形态、运动等特征。

在人机交互中，文本主要有两种形式：格式化文本和非格式化文本。格式化文本可以进行格式编排，主要包括各种字体、尺寸、颜色、格式、段落等属性设置，如 .doc 文件。非格式化文本的字符大小是固定的，仅能以一种形式和类型使用，不具备排版功能，如 .txt 文件。

（二）图形

图形（Graphics）也称为矢量图形（Vector Graphic），是计算机根据数学模型计算而生成的几何图形。图形是由直线、曲线、圆或曲面等几何形状形成的，从点、线、面到三维空间的黑白或彩色几何图，构成图形的点、线和面，都是由坐标及相关参数定义的，如用 Corel Draw 绘制的图形。矢量图形的优点是，可以不失真缩放、占用计算机存储空间小。但矢量图形仅能表现对象结构，在表现对象质感方面的能力较弱。

（三）图像

图像（Image）是指由输入设备捕获的实际场景画面，或以数字化形式存储的画面，是真实物体的影像。对图片逐行、逐列进行采样（取样点），并将这些点（称为像素点）用二进制位表示并存储，即为数字图像，通常称为位图。

图像主要用于表现自然景色、人物等，能表现对象的颜色细节和质感，具有形象、直观、信息量大的优点。但是，图像文件的数据量很大，存储一幅大小为 640×480、24 位真彩色的 BMP 格式图像，约需 1MB 左右的存储空间。所以，需要对图像数据进行压缩，即利用视觉特征去除人眼不敏感的冗余数据。

（四）声音和音乐

声音（Sound）包括人说话的声音、动物鸣叫声和自然界的各种声响。而音乐（Music）是有节奏、旋律或和声的人声或乐器音响等配合所构成的一种艺术。声音和音乐在本质上是相同的，都是具有振幅和频率的声波。振幅（即声波的幅度）表示声音的强弱，频率表示声音音调的高低。

在多媒体项目中加入声音元素，可以给人多感官刺激，不仅能欣赏到优美的音乐，也可倾听详细和生动的解说，增强对文字、图像等类型媒体信息的理解。

声音和音乐（音频）的缺点是数据量庞大。如存储一秒钟的 CD 双声道立体声音乐，需要的磁盘空间与存储 9 万个汉字所需的空间相同，因此也需要进行压缩处理。

（五）动画

动画（Animation）就是运动的图画，实质是由若干幅时间和内容连续的静态图像按照一定顺序播放形成的。用计算机实现的动画有两种，一种叫造型动画；另一种叫帧动画。造型动画每帧由图形、声音、文字、色彩等造型元素组成，由脚本控制角色的表演和行为；帧动画是由一幅幅连续的静态画面组成的图像序列，这是产生各种动画的基本方法。

为什么一幅幅静态的画面连续播放就可看到动态的图像画面？这是由于人的眼睛具有视觉暂停现象，在亮度信号消失之后亮度感觉仍然可以在视觉神经保持 0.05～0.1 秒的时间。动态图像（动画）就是根据这个特性而产生的。从物理意义上看，任何动态图像都是由多幅连续的图像序列构成的，沿着时间轴，每一幅图像保持一个很小的时间间隔，顺序地在人眼感觉不到的速度（25～30 帧 / 秒）下换成另一幅图像，连续不断地转换就形成运动的感觉。电影和计算机中的动画都是如此形成的。

（六）视频

若干幅内容相互联系的图像连续播放就形成了视频（Video）。视频主要来源于摄像机拍摄的连续自然场景画面。视频与动画一样，是由连续的画面组成的，只是画面图像是自然景物的图像。计算机处理的视频信息必须是全数字化的信号，但在处理过程中要受到电视技术的影响。

视频有如下几个重要技术参数。

1. 帧速

每秒钟播放的静止画面数（帧 / 秒）。为了减少数据量，可适当降低帧速。若帧速在 16FPS（Frames PerSecond）以上，在人的视觉上便可达到一定的满意程度。

2. 数据量

未经过压缩的数据量为帧速乘以每幅图像数据量。假设一幅图像为 1MB，则每秒的数据量将达到 25MB（PAL 制式），经过压缩后，将减少为原来的几十分之一甚至更少。

3. 画面质量

画面质量，除了原始图像质量外，还与视频数据的压缩比有关。压缩比小时对画面质量不会有太大影响,而压缩比如果超过一定值,画面质量将明显下降。

四、多媒体技术的特征

多媒体技术以计算机为核心,实现多种感官媒体的综合利用,也因此具有以下三种特征:

(一)综合性和集成性

多媒体技术的综合性和集成性是指对多种感官媒体进行处理、存储或传输,主要表现在对多种类型数据的集成化处理和各种媒体设备的集成处理上。

(二)交互性和双向性

多媒体技术的这一特征是指信息控制的交互性和双向性,是用户与计算机之间进行数据交换、媒体交换和控制权交换的一种特征,其含义就是通过各种媒体信息,发送方和接收方都可以进行编辑、控制和传递。

(三)同步性和实时性

多媒体技术的同步性和实时性是指在多媒体系统中,多种媒体间在时间和空间上都存在着紧密的联系,是具有同步性和协调性的群体。

实时多媒体系统是把计算机的交互性、通信的分布性和电视的真实性有机地结合在一起。

第 一 章　高校教师心理之工作满意度

第一节　高校教师工作满意度理论

一、高校教师工作满意度定义及其价值

（一）高校教师工作满意度的定义

工作满意度（Job Satisfaction）最早源自 Mayo, Ro—ethisberger & Whitehead（1927—1932）的霍桑试验，其研究报告中明确指出："工作的情感会影响其工作行为，而工作者的社会及心理因素是决定工作满意度与生产力的主要因素。"最早提出工作满意度的学者是 Hoppock，他认为，工作满意度是指员工在心理与生理两方面对环境因素的满意感受，也就是员工对工作情景的主观反映。教师工作满意度是教师对其所从事的工作、职业以及工作条件与状况的总体感受与看法。参照此定义，高校教师工作满意度是高校教师对所从事的工作、职业以及工作条件与状况的总体感受与看法。这一定义包含以下几层意义：第一，工作满意度的主体为高校教师。由于高职院校本身的特点，在对教师的要求上也必然与其他本科院校的教师有着不同点，高职院校不仅要求其教师有着扎实的理论素养，更重要的是需要每一位教师都具有熟练的操作技能，即是"双师型"教师。这一特定的要求必然制约着教师对其工作的主观感受；第二，高校教师工作满意度是对其所从事的工作、职业以及工作条件与状况等多种因素的主观感受。在以往的研究中，很多研究者对此进行了深入探索。如孙建萍等把影响教师工作满意度的因素划分为人际关系、工作本身、社会承认、工作卷入程度、个人及专业发展、工资及福利、高层领导素质及管理方式、公平机制；而袁凌、谢赤等在研究中把工作满意度分为人际关系、领导与管理、薪资待遇、工作性质、进修与提升、工作环境与条件六个维度。在本研究中，我们在借鉴他们的研究成果的基础上，把工作满意度的具体维度分为工作本身、工作环境、薪酬福利、专业发展、管理制度、人际关系、组织气氛七个方面，并在此基础上增加了职业倦怠这一结果维度；第三，高校教师工作满意度是一种主观感受与个人看法。由于个体不同，其

对工作的主观感受与个人看法也会不一样。也就是说，即使在相同的影响工作满意度的因素的作用下，高校教师的工作满意度可以不同甚至相差很大。以往的研究结果都证明了这一点。

（二）高校教师工作满意度的价值

关于工作满意度的重要价值，人们谈论得了很多，并得出了许多重要的结论。社会心理学认为，尽管态度不能完全决定行为，但它却在很大程度上影响着行为。大量研究表明，员工的工作满意度与其工作绩效、离职率、缺勤率、职业倦怠有着密切的关系。

1. 高校教师工作满意度影响其工作绩效

早在 20 世纪初，有关学者便提出了"快乐即为生产力"模型，这是对工作满意度与工作绩效间关系的最初表述。然而，大量研究并未能证明，工作满意度可以提高员工的工作绩效。有学者通过引用大量研究文献所做的一项元分析发现，在工作满意度和工作绩效之间只有 0.17 的相关。尽管工作满意度并不必然引起个人绩效的提高，但是确实引起部门和组织层面的绩效提高。所以，对于高职院校而言，教师的需求得到了充分满足，工作满意度得到了提升，必然会提高教师的工作热情，激发他们的奉献精神和努力程度，提高他们的工作效率和绩效，从而提高学校的教学水平和科研水准。

2. 高校教师工作满意度影响其离职率

高校教师离职率是指一定时期内离开高职院校的教师人数占总人数的比例。研究证明，工作满意度与离职率之间呈负相关。也就是说，满意度较低的高校教师由于对工作缺乏兴趣或工作得不到认可或不断与上司、同事发生冲突等，容易辞职或产生离职意向。高校教师的离职会对学校产生巨大的影响，尤其是学校花费巨额成本培养的骨干教师，他们有着较强的专业技能和丰富的教学经验以及卓越的科研能力，一旦离职，必将使学校的教学水平和科研水准下滑，丧失竞争优势，并影响长远发展。因此，提高高校教师的工作满意度不仅能减少教师的离职，更重要的是对学校的发展有着不可估量的价值。

3. 高校教师工作满意度影响其缺勤率

缺勤是一种增加组织劳动力成本、降低组织效率的现象。员工的缺勤不但不利于组织对员工的管理，而且从长期看，它会影响组织中良好文化的形成。工作满意度低的员工往往得不到良好的激励，对工作的积极性不高，因而其缺勤率较高。西尔斯和罗巴克曾做过一项研究，其结果准确地说明了工作满意度与缺勤率之间的负相关关系。在高职院校管理中,要使良好的校园文化得以形成,要使各种规章制度真正落到实处,要使所有的学生在教师的教导下学有所长,就必须减少教师的缺勤。而要减少教师的缺勤,务必要提高教师的工作满意度。

4.高校教师工作满意度影响其职业倦怠

教师职业倦怠是发生在某些教师中的情感枯竭、人格解体和个人成就感降低的一种综合症状。它是由于频繁地同他人交往而产生的长期情感压抑的一种反应,尤其当他们感到困惑时,这种反应更为强烈。许多学者在研究中发现,工作满意度与职业倦怠高度相关,对工作不满意的组织成员比满意的成员显示出更高的职业倦怠。还有学者通过比较人格解体与个人成就感发现,在工作满意度与职业倦怠间存在负相关。当教师感到不能全力应付学生时,会表现出情感枯竭。在这种状况下,教师通常会出现不良的行为,变得不近人情,以一种否定的,有时甚至无情的态度对待学生和同事。而这种态度往往会导致学生的抵触和不满,并导致学生的厌学情绪,最终影响学生健康心理的形成和学业发展。因此,要消除教师的职业倦怠,就必须提高教师的工作满意度。

二、高校教师工作满意度的理论

(一)需要层次理论和ERG理论

需要层次理论是由美国心理学家与行为科学家马斯洛(Maslow)提出的。他认为,人是有需要的动物,人的行为是由需要推动的,一旦满足需要即无动力,只有尚未满足的需要能够影响行为。换而言之,已得到满足的需要没有激励作用。人的需要有不同层次,它们依次是:(1)生理需要:食物、水、住所、性及其他方面的生理需要;(2)安全需要:保护自己免受身体和情感伤害的需要;(3)社交需要:包括友情、爱情、归属及接纳方面的需要;(4)尊重需要:内部尊重因素包括自尊、自主和成就感,外部尊重因素包括地位、认可和关注等;(5)自我实现需要:成长与发展、发挥自身潜能、实现理想的需要,这是一种追求个人能力极限的内驱力。这五个层次的需要是呈阶梯状排列的,只有低一层次的需要在一定程度上得到满足后才能产生高一层次的需要。低级需要与高级需要的满足途径是不同的,前两个层次的低级需要主要借助外在条件的改善来满足,后三个层次的高级需要主要靠内在驱动得到有限满足。自我实现是马斯洛之"需要层次理论"的核心概念。所谓"自我实现",就是指个人可以充分发挥其潜力和才能,对社会作出自己觉得有意义、有价值的贡献,从而实现自己的理想和抱负。由于自我实现需要是需要的最高层次,只有教师自身努力,才能自我实现,才能提高其工作满意度。教师是人类灵魂的工程师,所从事的职业是伟大的。教师为了上好一堂课查阅大量资料,伏案到深夜,言传身教,为了把自己所知道的全部传授给学生,让学生成才,这样教师觉得自己做得有意义、有价值。教师本身的素质较高,教育又是太阳底下最光荣的职业,教师更容易达到这个层次。

ERG 理论是美国心理学家奥得弗尔(Alderfer,)提出来的。他认为,人的需要只有三种类型而非五种,即生存需要、关系需要和成长需要。生存需要相当于马斯洛的生理需要与安全需要,关系需要相当于马斯洛的社交需要。成长需要相当于马斯洛的尊重与自我实现需要。在他看来,尽管这三种需要按层次由低到高依次是生存需要、关系需要、成长需要,但高一层次需要的产生并不像马斯洛所说的那样要以低一层次的需要满足为前提条件,满意度产生的基础是需要满足,需要越得到满足,满意度越高。

不难看出,尽管这两种需要理论在关于需要的确切数量以及它们之间关系上并不完全一致,但它们都赞同满足人的需要是提高人们工作满意度,激励人们工作的一个重要部分。也就是说,满足个体不同层次需要的过程,是提高其满意度的过程,同时也是对其进行激励的过程。在管理过程中只有分析、研究和满足高校教师的需要,才能使之工作满意,工作动机强烈。

(二)双因素理论

双因素理论即"激励因素—保健因素"理论,是美国心理学家、行为学家赫兹伯格(Herzberg)提出的。赫兹伯格认为,在工作中造成员工不满意的因素往往是由外界的工作环境产生的,主要是公司政策、行政管理、工资报酬、工作条件与上下级的关系、地位安全等方面的因素。这类因素即使改善了,也不能使员工非常满意,不能充分地调动其积极性,只能消除员工的不满。他将这类因素称之为"保健因素"。在工作中使员工感到非常满意的因素主要是工作富有成就感、工作成绩能得到社会认可、工作本身具有挑战性、能发挥自己的聪明才智、工作所赋予的发展机会和责任等。这类因素的改善,或者说这类需要的满足,往往能激发员工的责任感、荣誉感和自信心,增进员工的满意感,有助于充分、有效、持久地调动他们工作的积极性。他把这类因素称为"激励因素",激励因素是与工作内容紧密联系在一起的因素。

在高职院校这一特定的组织中,尽管薪酬福利、管理与制度、教学与科研条件等这些"保健因素"不能充分地调动教师的工作积极性,但是,如果得不到满足,必然导致教师对工作的不满。因此,为了有效避免教师的工作不满,必须改善保健因素。而要提高教师的工作满意度,调动其工作积极性,必须从使工作富有成就感、工作成绩能得到认可、工作本身要富有挑战性等这些"激励因素"着手。

（三）公平理论

公平理论是亚当斯（Adams）提出的。他认为，满意度由个人知觉到自己对于工作所付出与所获得的结果间的平衡决定。当知觉到公平，则感到满意；知觉到不公平，则不满意。在工作中个人也有意无意间与他人做比较，将自己所付出及所获得的结果与别人比较，即横向比较，其比率相当，则会感到满意，若两者比率不相等，则会认为不公平，而感到不满意。比较的结果会有三种：第一，当该比率小于别人的比率时，极易导致员工对组织或管理人员的不满，就会主动采取行动以消除不公平感带来的紧张情绪；第二，当该比率等于别人的比率时，员工感到组织的公平，会得到强有力的激励；第三，当该比率大于别人的比率时，个人可能会满足一段时间，但之后，由于满足于侥幸的心理，工作又恢复原样。亚当斯提出的公平感主要是指报酬数量分配的公平性，比较偏重于分配的结果，被称为分配性公平。Thibaut & Walker 提出了另一种形式的公平，即程序公平，它更强调分配资源时所使用的程序及过程的公平性。当人们即使得到不理想的结果时，如果认为过程是公平的，也能接受这个结果。在许多研究中发现，分配性公平和程序性公平都与工作满意度有关。

一方面，在工作过程中，高校教师会关注工作付出和工作所获报酬的公平，也会把自己同社会各层次的其他人群如同事、亲朋好友等比较。与教师接触越多的对象，教师与他们的比较就越频繁。首先与本校本专业的教师比，再与同类学校的教师比，然后与小学、中学、大学比较接近的教师比，再与不同的职业比。Huseman、Hatfield & Miles 的研究发现了一种普遍的现象，即：个体在与别人比较时，对自己报酬的感觉会低于实际情况，对自己付出的感觉会高于实际情况；相反，对别人报酬的感觉会高于实际情况，对别人付出的感觉会低于实际情况。同理，教师对自己所获报酬的感觉会低于实际，而对自己付出的感觉会高于实际；相反，对同事的报酬的感觉会高于实际，而对同事付出的感觉会低于实际。如果对参照系不了解，这种差距会更大。因此，建立沟通渠道，增强教师之间的透明度，则会使教师感到更加公平，从而提高教师的工作满意度。另一方面，高校教师也会关注学校分配资源如报酬、进修机会、奖励等的程序公平性，并因此产生工作满意感或不满意感。

（四）人—职匹配和人—组织匹配理论

人—职匹配理论。人—职匹配（Person—Job Fit）包含两层意思：一是指某个人的能力完全能胜任该岗位的要求，即所谓人得其职；二是指岗位所要求的能力个人完全具备，即所谓职得其人。人—职匹配原理指人的能力与岗位要求的能力完全匹配，这种匹配包含着"恰好"的概念；两者的对应不仅使人的能力发挥得最好，岗位的工作任务也完成得最好，而且还会使人产生工作满意感。国外研究表明：员工的工作绩效 = 工作能力因素 × 工作动力因素。也就是说，工作绩效与工作能力、工作动力成正比。能力越高，动力越高，绩效越高。在这里，个人的工作能力主要包括知识、技能、获得新知识技能的潜能。人—职匹配中的工作能力因素主要指所聘人员具有符合工作要求、胜任工作的能力，其中包括知识、技能、获得新知识技能的潜能，表明一个人具有"能做"的因素。人—职匹配中的工作动力因素是指所聘人员认同组织价值观、文化观（人与组织匹配），表示某人是否具有"愿做"某事的条件，其中包括动机、职业兴趣和其他个人品质，以此来判断某人是否适合做某项工作。在高职院校中，由于每一岗位的工作性质、工作内容和责任的差异，对教师的素质要求也应不同。如果某一岗位的特定要求与教师的心理素质、人格特征不相匹配，必然会使教师的自我效能感降低，从而降低教师的工作满意度；反之，如果相互匹配，则能提高教师的工作满意度，并带来更好的工作绩效。因此，要提高教师的工作满意度，就必须实现教师与工作职位或岗位的匹配，给每位教师安排适当的岗位，分配适合的工作任务。

人—组织匹配理论。虽然人—职匹配模式在实践中具有很大的应用价值，但由于没有考虑到个体与职业以外的其他因素的影响，在该模式指导下的实践和研究有时无法有效地实现预期的目标。特别是在具体的工作当中，个人的工作绩效如何，除了与其自身能力、个性、动机等密切相关之外，还受到其他因素的影响，尤其是个人所在的组织对个人的工作满意度、积极性、绩效等会产生重要的影响。因此，研究者开始注意到个人与组织匹配（Person—Organization Fit）。个人与组织匹配是指个人的人格、价值观、目标、信仰等与组织的文化、价值观、规范、目标等的一致性程度。根据不同的标准，可以对匹配做不同的分类。一是一致匹配和互补匹配。一致匹配强调个体与组织文化等方面的相似性，主要考察个体与组织价值观、目标等的一致性程度；互补匹配则主要强调个体是否拥有可以用来填补组织的不足的独特资源，往往是指导个体职业选择和组织进行人员选拔的原则；二是需要—供给匹配和需求—能力匹配。需要—供给匹配主要从组织的角度出发，认为组织满足了个体的需要和偏好时就达成了匹配；需求—能力匹配更多的是从个体的角度出发，认为匹配发生在个体拥有满足组织要求的能力时。Krist—of 对已有的研究进行了总结，提出了个人与组织匹配的整合模型。

　　国内外大量的实证研究发现，个人与组织之间的良好匹配能够预测个体的工作满意度、组织承诺、工作绩效和组织公民行为等，也能预测个人的离职意向、工作压力等。一方面，对组织而言，个人与组织匹配对组织文化的维系与传承、组织整体绩效的提升等具有重要意义；另一方面，对于个人而言，如果个人与组织匹配程度高，那么个人就会产生工作满足度，表现出积极的工作态度和行为，有较高的组织承诺，留职时间较长。

　　在高职院校中，要提高教师的工作满意度，务必实现教师与学校的匹配，力求教师与学校在目标、价值观等方面具有一致性，教师通过自己的知识、能力、努力、责任感等满足学校的需求或要求，学校通过提供物质、精神等资源满足教师的需要。

（五）工作—家庭冲突理论

　　工作—家庭冲突（work—family conflict）是"一种角色间冲突的特殊形式，在这种冲突中，来自工作和家庭生活领域的角色压力是不相容的"。工作—家庭冲突会对人们的工作满意度、组织承诺及工作生活质量等带来消极的影响。1980年，Staines 区分出工作和家庭之间关系的三种类型：分割（segmentation）、溢出（spillover）和补偿（compensation），进而提出分割理论、溢出理论和补偿理论。分割理论认为，工作和家庭是两个独立分割的领域，个体可以清楚地将工作领域的感情、态度和行为等与家庭领域的感情、态度和行为等分割开来，两个领域既不会相互影响也不会相互冲突。溢出理论认为，个体会将在工作中建立的情感、态度、技能和行为带进家庭领域，反之亦然。这种溢出可以是积极的，也可以是消极的。积极的溢出包括满意和激励，它可扩展到家庭中，带来高水平的能量和满意。消极的溢出是：工作中的问题和冲突消耗了个体的时间和精力，并因个体全力投入到工作中，使他们很难充分地参与到家庭生活中来。大多数研究者更关注消极溢出，即工作—家庭冲突。补偿理论相信，工作和家庭的关系是负向的，当个体在工作领域有高水平的卷入时，在家庭领域的卷入水平就会降低；相反，在家庭领域的高水平卷入会导致个体在工作领域的低水平卷入。

　　根据研究内容，工作—家庭冲突的前因变量主要包括工作层面变量、家庭层面变量与个体变量。工作层面变量主要包括工作压力、工作特点和工作卷入等。工作压力包括工作角色超负荷、工作角色冲突和工作角色模糊。工作压力愈大，个体知觉到的工作—家庭冲突愈强。Carlson 发现，工作角色冲突、角色模糊与基于压力的工作—家庭冲突的相关均显著，工作角色模糊也与基于行为的工作—家庭冲突的相关显著。工作特点主要包括工作时间、工作需求和工作资源。工作时间是工作—家庭冲突的一个显著变量，工作时间长的个体体验到更多的工作—家庭冲突。这是因为花在工作的时间愈长，承担家务和参与家庭活动的时间愈少。工作需求包括心理与生理要求，对工作—家庭冲突均有重要的影响。当工作对个体的心理与生理需求过高时，个体体验到的工作—家庭冲突愈大。工作资源主要包括工作自主性、控制感和工作自豪感，则与工作家庭—冲突之间均呈负相关；同时，工作资源越丰富，工作与家庭之间互相促进程度越高。工作卷入指的是个人在工作角色中的专心程度和时间投入程度。研究发现，工作卷入程度愈高，个体体验到的工作—家庭冲突愈大。家庭层面的变量主要包括家庭层面的压力、家庭卷入、家庭特点等。家庭层面的压力主要包括家庭角色压力、家庭角色冲突和家庭角色模糊。Byron通过元分析发现，相对于家庭层面的其他变量来说，家庭角色压力、家庭角色冲突与工作家庭—冲突的相关最强；有关家庭卷入的研究发现，家庭卷入程度越高，个体所体验到的工作—家庭冲突越强，这可能是因为当员工卷入家庭时，很难平衡工作与家庭角色的需求。有学者进一步研究发现，女性的家庭卷入与体验到的工作—家庭冲突呈正相关，其原因可能是女性把家庭看得更重，当工作上的需求占用了她们投入家庭的时间与精力时，女性就会感觉工作干扰着家庭。家庭特点主要表现在婚姻状况与子女数量及年龄上。已婚者体验到的工作—家庭冲突强于未婚者；同时，子女数量也是工作家庭—冲突显著的预测变量，子女越多，个人体验到的工作—家庭冲突愈强。个体变量主要指个人性格、年龄、性别、应对冲突的心理倾向等。

与工作—家庭冲突的原因或影响因素相对应，工作—家庭冲突的结果（或效应）主要包括工作领域、非工作领域以及与个体自身有关的结果。Frone的研究表明，"当员工经历工作冲突而影响家庭生活时会带来家庭压力，而当家庭事务困扰员工投入工作，影响其工作业绩又会提高工作压力，所以，工作—家庭冲突与压力呈显著正相关。"

毋庸置疑，高校教师，不管是男教师还是女教师，他（她）们是教师或学校管理者，既要传道授业解惑，又要管理学校的日常事务；既要恪守工作赋予的职责，又要在家庭中扮演丈夫、妻子、父亲、母亲等角色。因而，他们同样面临工作—家庭冲突。当在工作中折腾了一整天的他（她）们，拖着疲惫的身体回到家时，还要完成家务，照顾父母，教育小孩等。在工作中已经耗费了教师个人大量的精力和体力，必然会使其投入家庭的时间和精力减少，即工作中的高水平卷入必然意味着家庭中的低水平卷入。久而久之，使教师很难平衡工作角色和家庭角色的需要，从而产生冲突，降低工作的满意度。

第二节　高校教师工作满意度的现状与影响因素

一、高校教师工作满意度现状

通过 SPSS13.0 统计软件中的频数分析法对所回收的问卷进行分析,得到样本分布情况。

男女样本分布较为合理,样本教师主要集中在 30 岁以下这一年龄段;工作年限集中在 1～15 年之间。从学历和职称来看,高校教师学历层次主要集中在本科和硕士两种层次上;职称主要为讲师和副教授。

为了避免调查对象在施测时受惯性思维的制约而影响调查的信度,本问卷对 33 个项目采取随机编排的方式。在统计数据时利用转换计算得到工作总体满意度和八个维度(其中七个因素维度,一个效应维度)的均分。

高职院校教师工作满意度各维度的具体得分是:工作本身 14.5 分,工作环境 12.6 分,薪酬福利 11.7 分,专业发展 13.3 分,管理制度 12.9 分,人际关系 16.9 分,组织气氛 13.4 分,职业倦怠 13.1 分。总满意度和每一维度的均数是:总满意度 3.956 分;工作本身 3.647 分;工作环境 3.180 分;薪酬福利 2.911 分;专业发展 3.354 分;管理制度 3.246 分;人际关系 3.756 分;组织气氛 3.357 分;职业倦怠 3.117 分。根据赋值原理,总满意度和每一维度的中值(较满意)为 3 分,高校教师工作满意度的具体现状,即高校教师对工作总体和各维度的均数在 3～4 分之间,即处在"较满意"和"满意"之间。高校教师对工作总体满意的得分为 3.956,充分说明高校教师对工作总体较满意。工作满意度的因素维度由低到高依次为薪酬福利、工作环境、管理制度、专业发展、组织气氛、工作本身、人际关系,最不满意的是薪酬福利,其均数 2.911分,低于中值 3 分;最满意的是人际关系,均数为 3.756 分。对工作各因素的满意度处在"较满意"和"满意"之间,同样说明高校教师对工作各因素较满意和满意。效应维度——职业倦怠的均数为 3.117 分,略高于中值 3 分,这表明高校教师存在一定程度的职业倦怠。

从高校教师工作总体满意度来看,所有的高校教师工作总体满意度较高,其得分均数达到了 3.956 分。这可能是由教师这一职业特点决定的。众所周知,教师不仅仅"传道、授业、解惑",更重要的是在这一过程中要"言传""身教"。他们的一举一动、一颦一笑都会对学生产生潜移默化的影响。他们爱与被爱,付出了爱,也得到了爱,这是任何职业都无法比拟的。所以人们给教师冠以"人类灵魂的工程师""太阳底下最光荣的职业"的美称。正是这一职业特点让教师在工作中产生了莫大的幸福感、自豪感和满意感。

从高校教师工作满意度的具体维度来看，就薪酬福利而言，他们最不满意的是薪酬福利，其得分在 3 分以下。这是由我国对教育的投入的现状决定的。改革开放四十年来，我国的经济建设取得了举世瞩目的成就，但是政府对教育的投入还严重不足，教师的待遇仍然不很高。有数据显示：尽管我国的财政收入逐年上升，但对教育的投入却逐年下降。2005 年财政收入突破 3 万亿元，增加 5232 亿元，增长了19.8%，但全年教育支出 3951.59 亿元，占 GDP 的 2.16%，低于 2004 年的 2.79%，也低于 2002 年的 3.41%。换句话说，从 2002—2005 年，财政性教育支出占 GDP 的比重，一直在下降，2006 年为 3.01%。多数高职院校属于地方高校，地方财政拨款也严重不足，加上高职院校自身造血功能不强，难以关注与解决教师的薪酬福利，导致教师薪酬福利在绝对量上普遍偏低，这严重降低了教师的工作满意度。同时，由于学校管理制度的缺陷，使高校教师有限的薪酬福利缺乏公平性，从而使高校教师的薪酬满意度更低。

就工作环境而言，高校教师对"校园环境""办公与教学条件"满意度得分最高。但是，对"住房条件"，30 岁以下的高校教师、工作 1~5 年的教师、具有助教职称的教师及具有专科学历和部分具有本科学历的教师得分分别为 2.791 分、2.934 分、2.812分、2.681 分，显示出满意度较低。这是由于高职院校本身财力的限制，无法为这些教师提供令人满意的住房条件，正是由于这种"保健因素"长期得不到改善，导致这些教师工作满意度降低。对于"科研条件"，所有教师普遍感到"不满"，其得分低于中值 3 分，这可能是由于高职院校本身对科研不重视或缺乏足够的科研经费，无法为教师提供先进的仪器、设备、图书资料等。需要层次理论和 ERG 理论都一致认为，教师有实现自我价值、自我成长的高级需要。科研条件是教师满足高级需要的重要前提，如果高职院校难以为教师提供较完善的科研条件，势必无法满足他们的高级需要，从而使他们的工作满意度降低。

就管理制度而言，绝大部分高校教师对"参与学校管理的机会"感到不满。得分高于 3 分的是 60 岁以上的教师、工作 15 年以上的教师、具有副教授和教授职称的教师以及兼有学校行政职务的教师，其他教师的得分均低于 3 分，这是完全可以理解的。高校教师随着年龄和工龄的增长，对某一问题的研究也逐步深化和全面，工作成绩得到进一步凸现，高职院校以职称和学校管理职务等方式对他们的成绩进行肯定和认可,使他们在学校的发展中拥有更大的话语权和决策权。事实上,学校的大政方针、日常管理制度等都来自他们的聪明和智慧。所以,他们对管理制度满意度更高。而其他教师由于工作年限和年龄的原因,能力并未完全凸现,潜力没有充分挖掘,其参与学校管理的机会必然不多,因而,他们对"参与学校的管理机会"感到不满。

就专业发展而言,70% 以上的高校教师对"自己专业发展的前景"以及"自主发展的空间"感到"较满意"或"满意",其均数都超过了中值 3 分。在这两个项目上,得分最高的是 50 岁以上的教师、工作 15 年以上的教师、具有博士学位的教师以及具有副教师、教授职称的教师。他们的得分都在 3.7 分以上,有的甚至高达 5.0 分,这是完全可以理解的,因为这些教师由于对本专业接触时间越长,对专业的了解也越来越全面,越来越深刻,并在自己从事的专业领域中取得了较好成绩,有的甚至是本专业的权威,他们对本专业发展的前景和自主发展的空间也越来越自信,这种自信提升了他们对工作的满意度。在"进修与深造机会"和"本单位职称评聘与职务晋升的可能性"上,尽管得分最高的也是 50 岁以上的教师、工作 15 年以上的教师、具有博士学位的教师以及具有副教授、教授职称的教师,但得分要远远低于前面两个项目,最高得分仅为 3.82 分和 4.14 分。在专业发展的四个项目上得分最低的是 30 岁以下的教师、工作 1 ~ 5 年的教师以及具有助教职称的教师。这可能是因为这些高校教师对本专业接触的时间较短、对自己从事的领域没有自己的见解,还处于探索和学习阶段,因而,对专业发展的前景以及自主发展的空间缺乏足够的自信。同时由于高职院校财力的有限以及管理制度的不完善,在进修深造以及职称评聘上难以在每个高校教师面前做到公平、公正,因此,使有些高校教师感到"不满"或"非常不满"。

就组织气氛而言,据调查数据显示,92.5% 的高校教师认为"在工作中得到了领导的支持和信任",84% 的高校教师对"规章制度的科学性和合理性"感到"较满意"或"满意"。但是有 35.9% 的高校教师对"本组织学术自由和学术创新的气氛"感到"不满"或"非常不满"。这可能是由于现在的高职院校注重学校的硬件建设而往往忽视对科研的投入,注重教学质量的提高而忽视了学术科研。有些高职院校即使已充分认识到学术科研的重要性,但由于学校科研经费的匮乏也只能是喊喊口号,使高校教师的学术科研难有创新,使他们自我实现的需要难以得到满足,降低他们的工作满意度。

就工作本身而言,92% 的高校教师认为工作给自己带来了趣味,85% 以上的教师对"工作的创造性和发挥自己个人价值方面的作用"感到"满意"或"非常满意"。不可否认,教师作为"人类灵魂的工程师""太阳底下最光荣的职业",其工作对象是具有主动性的人，在工作过程中不仅需要教师的能动因素介入，而且还有学生的主观能动因素介入；同时，教师要使自己的劳动对象按照自己预期的目的发展，还必须在劳动过程中把工作手段主体化……这一切决定了教师工作本身比其他工作更具有趣味性和创造性，这样的工作必然能使个人价值得到最大限度的实现，个人潜力得到最大限度的发挥，并使他们满意。尽管如此，还有部分高校教师仍然对自己从事的工作感到"不满"，这是因为部分高校教师对自己所从事的工作价值认识不够深刻，或者由于工作场所固定、工作时间长、上课备课刻板，使他们感到工作简单重复、缺乏趣味性，从而降低他们的工作满意度。

人际关系维度是七个因素维度中得分最高的维度，其均数为 3.756 分。在被调查的教师中，只有 5% 的高校教师对人际关系感到"不满意"。这可能是因为所有的高校教师都深刻地了解，良好的人际关系是工作得以顺利开展的必备条件之一。尽管如此，仍有 10% 的教师对"与学生间的关系"感到"不满"或"非常不满"。这可能是因为高职学生普遍存在基础知识差、自制力差、厌学情绪严重等问题。理想的教学是教师的"教"和学生的"学"有机结合，而高校教师付出心血来教导学生，却常常得不到学生积极的响应，导致教师自我效能感降低。这种低效能感往往让部分高校教师无所适从，并反映在与学生的交往中，降低高校教师的工作满意度。

从效应维度——职业倦怠来看，均数为 3.117 分，这表明高校教师存在一定程度的职业倦怠。54.6% 的高校教师认为"与原来相比，工作热情下降了"；45.3% 的高校教师对"工作带来的生理和心理压力"感到"不满"；40.8% 的教师认为工作给自己带来了身心疲惫感；15.8% 的高校教师对"工作带给自己的身心疲惫感""非常不满"。统计结果显示，职业倦怠有随年龄增长而下降的趋势，但在其他个人因素上差异不显著。这是因为高校教师随着年龄的增大，自身的精力和热情必然降低，导致职业倦怠。职业倦怠在其他个人因素上的差异亟待进一步研究。与此同时，只有 26.3% 的教师"在情绪低落时会采取其他代偿办法"来缓解自己遭遇的职业倦怠。由此可见，要提升高校教师的工作满意度，高职院校必须重视教师的职业倦怠，认真分析导致教师职业倦怠的成因并采取有效的防治措施，使高校教师的职业倦怠和工作压力得到有效的缓解，维护好每一位教师的身心健康，提升其工作满意感。

二、影响高校教师工作满意度的个人因素

前面明确指出，高校教师工作满意度是高校教师对其工作的感受。不难理解，同样的工作条件、环境或状况，由于教师的个人因素不同，其满意度不同。因此，分析影响高校教师工作满意度的个人因素是必要的。教师的个人因素主要包括种族、性

别、年龄、婚姻状况、学历、职称，等等，这些因素或多或少会对其工作满意度产生影响，这在已有的研究中充分说明了这一点。对于高校教师而言，其个人因素又是怎样影响他们的工作满意度呢？这无疑值得研究。本研究中，我们以教师的性别、年龄、工作年限、学历、职称、教学与研究的学科领域、兼职和专职教师、是否兼有学校行政职务等作为研究的个人因素，利用统计软件 SPSS13.0 均数估计分析法对高校教师的各个维度进行分析，同时利用 F 检验对其显著性水平进行检验，试图发现高校教师个人因素与其工作满意度之间的关系。

（一）性别

男教师满意度得分最高的是组织气氛，女教师得分最高的也是组织气氛。这可能是由于男、女教师在工作中都认为，自己的工作获得了领导层的大力支持，同时在工作中赢得了领导和同事的信任。男、女教师在工作本身、专业发展、管理制度、人际关系、组织气氛五个维度上的均数都在 3 分以上；男教师得分低于女教师得分的是工作环境、专业发展、管理制度、组织气氛这四个维度。在工作本身、人际关系、薪酬福利和职业倦怠上，男教师的得分略高于女教师。在工作环境上，男教师得分低于女教师，且男教师的得分低于 3 分，为 2.903 分；在薪酬福利上，男教师得分高于女教师，且女教师的得分低于 3 分，为 2.541 分。利用 F 检验对性别在各个维度差异的显著性水平进行检验，其中，在工作本身、人际关系这两个维度上男、女教师没有显著差异（P>0.05）；在工作环境、薪酬福利、专业发展、管理制度、组织气氛和职业倦怠上的差异显著或较为显著（P<0.05）。在总满意度上，男女教师差异不显著（P>0.05）。男教师最不满意的是工作环境，而女教师最不满意的是薪酬福利，管理制度和专业发展的得分男教师低于女教师。这可能是由于在中国传统文化的影响下，男性和女性在社会中的地位、角色不同，男性担任的社会角色相对较多，承担的社会责任较大，成就动机较高，更追求社会职务上的认可，更注重科研方面的发展、领导和管理方面的公平性；对女性而言，可能在家庭生活中付出更多一些，她们承担了更多的家庭责任，家庭经济主要由她们掌握。教师职业虽然稳定，但并不太高的薪水报酬使她们的薪酬满意度低于男教师，而对工作是否有趣、组织是否具有创新气氛、学校是否能为自己提供完善的科研条件等不太关注。工作—家庭冲突理论也认为，由于女教师在家庭生活中需要承担更大的责任，有更高的家庭卷入水平，这种高家庭卷入水平意味着低工作卷入水平，从而使她们的工作总满意度低于男性教师。与此同时，工作—家庭的冲突为她们带来了更大的压力，导致她们比男教师有更严重的职业倦怠。

　　高校教师在工作总体、工作本身、专业发展上的满意度随着年龄的增长而升高，这与杨继平等的"高校教师工作满意度与年龄存在 U 型关系"的结论不一致。随着年龄的增长，高校教师对自己所从事工作的意义和本专业的发展前景的认识越来越深刻，越来越全面，从而增强了自己为所从事的工作与专业发展奉献的自信心，提升了自身的工作满意度。而在工作环境、薪酬福利上，30 岁以下的年轻高校教师得分在 3 分以下。这可能是因为高职院校由于经费的短缺，无法为这一年龄段的教师提供较为舒适的住房条件和办公条件，导致其满意度低。同时这一年龄段的教师在职称和职务等方面都处于最底层，现有的薪酬福利制度又与职称和职务等挂钩，从而导致他们对薪酬福利的满意度低。尽管 31～60 岁的教师最不满意的也是薪酬福利，但薪酬福利的得分要远远高于 30 岁以下的教师，但要低于 60 以上的教师。这可能是因为 31～60 岁的教师随着年龄的增大，工作年限也逐渐增加，在教学和科研工作中取得了一些成绩并获得了认可，职称和职务也提高了，从而绝对量上的薪酬福利也增加了。因此，这一年龄段上的教师对薪酬福利越来越满意。对于 60 岁以上的教师而言，他们最不满意的是管理制度，而不是薪酬福利，同时在职业倦怠上的得分最低。这可能是由于处于这一年龄段的教师子女已得到妥善的安排，经济的压力已消除，所以，薪酬福利已不再是他们主要关心的问题。而领导的素质与风格、管理制度是否具有公平性等成为他们关心的焦点。同时由于身体状况与工作热情逐渐走下坡路，产生了更严重的职业倦怠。在人际关系和组织气氛这两个维度上，年龄差异不显著（P>0.05）。这可能是因为所有的教师都了解良好的人际关系是自己顺利开展工作的前提，同时也可能是由于高校教师在调查中隐瞒了自己的真实情况。具体原因有待进一步研究。

（二）工作年限

　　高校教师的工作总体满意度得分均在 3.70 分以上，表明高校教师的工作总满意度较高，且在工作年限上差异显著（P<0.05）；在工作本身这一维度上，工作年限差异不显著（P>0.05）；在工作环境上，得分最低的是 1～5 年的教师和 20 年以上的教师，从而呈现倒 U 型，且差异显著。这可能是因为 1～5 年的教师对学校提供的住房条件"不满意"，学校无法满足其基本需要，工作满意度低；而对于 20 年以上的教师，成就需要更迫切，但是，高职院校由于科研条件难以为他们的学术研究提供保障，从而导致他们的工作满意度低。在薪酬福利、专业发展、管理制度、人际关系、组织气氛这五个维度上，满意度的得分随工作年限的增加而上升，但是人际关系和组织气氛的差异不显著（P>0.05）；薪酬福利、专业发展和管理制度的差异显著（P<0.05）。在

职业倦怠上,不同年限的高校教师差异显著(P<0.05)。这是因为工作年限不同的教师其工作热情及工作精力会存在很大的差异。如果单纯来考察工作年限与薪酬福利的关系,工作20年以下的教师得分最低的是薪酬福利,而工作20年以上的教师工作满意度得分最低的是工作环境,而薪酬福利是得分最高的维度之一。毫无疑问,工作年限越短,职称和职务也越低。而我国现有的薪酬福利制度又与工作年限、职称和职务密切联系,因而,这些教师的薪酬也越低。所以,工作年限越短,薪酬福利满意度越低。随着工作年限的增加,教师低级层次的需要已退居其次,其满足高级需要的动机更强烈,他们希望学校能为其提供更公平合理的竞争机会、更完善的科研条件、更富有挑战性的工作等。

学历因素使高校教师在工作满意度的各个维度上显示出了较大的差异。不同学历的教师其工作总满意度差异显著(P<0.05)。而在工作本身、人际关系、管理制度、组织气氛和职业倦怠上,差异不显著(P>0.05)。但在工作环境、薪酬福利与专业发展上,差异显著(P<0.05)。在薪酬福利上,满意度最高的是具有博士学位的教师,其次从高到低依次为硕士、本科和专科学历的教师;在工作环境上,满意度正好相反,满意度最高的是具有专科学历的教师。这可能是因为具有专科学历的教师由于自身学识和素养的局限,相应的科研能力没有得到培养,所以,对学校的科研条件的优劣不关注。而具有博士学位的教师是作为人才引进的,享受了较高的福利待遇,从而使他们的薪酬福利满意度较高,但对工作环境却表现出较大的不满意,工作环境中最不满意度的是科研条件,这其中包括教师进行科研所必备的科研设备、科研仪器、图书资料等。高学历教师被引进后,除了承担部分教学外,更多的承担学校科研方面的工作。当前我国高职院校大多处于起步阶段,工作条件的改善虽获得了大多数教师的满意,但还难以满足高学历教师的需要。科研条件欠佳,制约了高学历教师的专业水平和聪明才智的发挥,相对降低了工作的挑战性、趣味性、创造性和工作成就感,进而降低了工作满意度。

职称一定程度上反映了高校教师的专业技能和学术造诣。教师的工作满意度与职称有密切的关系,且差异都很显著(P<0.05)。各维度满意度最高的是教授和副教授,即职称越高,工作满意度也越高。这是因为职称高的教师,有比较丰富的工作经验、比较高的学术造诣和比较强的专业技能,在工作中自然更得心应手,因而更适应教师工作。他们在学校地位高,薪酬高,与同事之间的关系也融洽,受领导重视的程度也高。有的教师本身就是学校的领导者,在学校中拥有一定的话语权和决策权,从而在工作中具有强烈的满足感和自豪感。对于具有讲师职称的教师而言,他们是学

校教学、科研的骨干力量。社会角色决定了他们生活上的负担及养家的责任,他们工作、生活压力最大,而报酬却不是很高。同时,由于高职院校都是地方高校,财力有限,并不能对其发展给予高度的重视,而他们在发展的过程中需要有大量的科研经费,生活上也大多需要得到更多的物质保障,因此表现出了较低的满意度。具有助教职称的教师由于参加工作时间短,业务不熟练,容易被忽视,所以,对管理制度、人际关系、工作环境、薪酬福利等满意度得分都是最低的。

(三)兼职与专职

在是否兼职这一个因素上,具有显著性差异的是工作总体满意度、工作本身和专业发展($P<0.05$),其他维度差异不显著。在工作本身和专业发展这两个维度,专职教师满意度略高于兼职教师。这是因为专职教师对自身的工作有更高的期待和忠诚感,他们在工作中认为自己的工作能为自己带来乐趣和满足,自己对自己的专业充满信心,从而使这两个维度的满意度高于兼职教师。

(四)有无行政职务

有无学校行政职务的教师在管理制度维度上差异显著($P<0.05$),而其他维度和总满意度有无行政职务的教师差异不显著($P>0.05$)。这是因为有学校行政职务的高校教师能有更多的机会参与学校管理和决策。事实上,学校的管理制度的制定、修订、落实都离不开他们的参与,这无疑让他们在工作中能满足自我实现的高级需要,工作中充满热情,满意度高。

三、影响高校教师工作满意度的环境因素

高校教师工作满意度是高校教师对其工作的感受,工作条件、环境或状况是影响高校教师工作满意度的刺激源。因此,研究教师工作满意度不仅要分析影响满意度的个人因素,同时还要分析影响满意度的环境因素或工作因素。对于影响教师工作满意度的环境因素,很多学者进行了深入研究。如杨彩莲认为,教师满意度低的原因来自薪酬待遇、晋升进修、同事关系、学术氛围、领导与管理、工作压力、社会地位等方面;谢钢着重从心理层面解释了影响教师工作满意度的原因,他认为,导致教师工作满意度低的原因主要是成就动机的偏移、价值天平的倾斜、人际情境的困扰、教师结构的失衡、后顾之忧的缠绕、管理链的不畅六个方面。我们赞同他们的观点,并结合调查的结果与高职院校的实际认为,影响高校教师满意度的环境因素主要包括以下几方面。

（一）薪酬待遇低

赫兹伯格的双因素理论认为，在工作中造成员工不满意的因素是由外界的工作环境产生的，主要是工资报酬、公司政策、行政管理等"保健因素"。这些"保健因素"即使改善了，也不能使员工非常满意，不能充分地调动其积极性，只能消除员工的不满。但是，如果这些"保健因素"如果没有得到改善，必然会导致员工的不满。调查数据显示，所有的高校教师对"薪酬待遇"普遍感到"不满意"或"非常不满意"，其均值绝大部分在 3 分以下，这无疑反映了目前我国各类高职院校教师的薪酬偏低的现实。其原因是多方面的，一是地方财政拨款不足，只拨教师基本工资部分，津贴部分由学校自己筹资解决；二是学校自身经济实力较弱，又为了扩大规模而大搞建设，欠债较多，难以关注教师的薪酬福利；三是学校创收渠道单一，开支项目繁多，造成办学经费普遍紧张，而无法改善教师待遇，等等。正是这些因素导致了高校教师薪酬待遇在绝对量上偏低，调查数据充分说明了这一点。正因为高校教师对薪酬福利待遇满意度低，所以，在调查的对象中，有 69.3% 的高校教师曾经有过兼职的经历或正在兼职，其兼职的目的是获得更多的经济报酬，从而满足自己最基本的生活需要。

而且，相对量上的薪酬待遇低也是导致教师工作满意度低的重要原因。亚当斯的公平理论认为，个人有意无意间与他人做比较，将自己所付出及所获得的结果与别人比较，其比率相当，则会感到满意；若两者比率不相等，则会认为不公平而感到不满意。高校教师同样会拿自己的薪酬水平与不同职业的人相比，当自己所付出及所得与别人所付出及所得相当时，则满意，否则必然不满意。高等教育作为智力高度密集的行业，其教师平均学历之高、学识之深，是其他行业难以达到的，其从业者本应有较高的薪酬。但 2002 年全国部分行业收入情况的调查结果却发现：全国平均工资前 15 位的行业中，高校教师位于第 10 位，国家公务员、公共事业单位与其他行业收入水平是高校教师的 1.8 倍以上，最高的达 2.5 倍。如此大的反差，必然对高校教师的心理形成巨大的冲击，导致他们对工作满意度低。

除此之外，高校教师还会拿自己的薪酬福利水平与同类学校教师相比。而在与别人比较时，对自己所获报酬的感觉会低于实际情况，而对自己付出的感觉会高于实际情况；相反，对别人报酬的感觉会高于实际情况，而对别人付出的感觉会低于实际情况。这也很好地诠释了调查结果中几乎所有的教师对"与同类学校相比，对自己的薪酬福利水平"感觉"不满意"的原因。

（二）科研条件差

高职院校的科研工作是体现高等职业教育内涵和体现学校办学特色的重要方

面，也是提高教师学术水平、提升学院品牌形象和办学实力的重要举措。与此同时，马斯洛的需要层次理论认为，教师不仅要满足衣、食、住、行等生理需要和求得工作稳定的安全需要，而且还有实现自我价值的高级需要。对于高校教师而言，科研是其实现自我价值、提升自我价值、实现成长需要的重要平台。因此，科研工作对高职院校本身和教师而言都有极其重要的意义。但是，大多数高职院校科研条件差，如图书资料短缺、仪器设备落后、实验手段陈旧等，这无疑会影响科研成果水平和学术创新的程度，降低教师工作的满意度。调查发现，几乎所有的教师对"科研条件"和"学术创新的气氛"普遍感到"不满意"或"非常不满意"。我们认为，导致科研条件差的重要原因在于科研经费投入严重不足。有学者就广东省进行过统计，在广东省，高职高专院校 64 所，占全省高校的 66%，科研人员投入约占全省 11%，但经费投入不足全省的 2%。在这种经费极其贫乏的条件下，有重大影响的研究项目不多，被三大检索收录的论文、授权专利、技术转让等成果更是屈指可数。从已发表的学术论文来看，大都是一般性学术论文，真正具有职业教育特色、面向生产实际、有实用价值的论文寥寥无几，能转让、被采用的技术成果更是微乎其微。同时，高职院校大多是地方办的高校，往往受地方经济发展的制约，专项科研经费缺乏；而且由于高职院校办学时间短，学术影响力小，横向课题也难于争取到经费。因经费不足造成科研项目不能按时结题的现象时有发生，甚至使科研项目半途而废。在这样的条件限制下，高校教师自我发展和自我成就的欲望难以获得满足，实现自我价值的动机难以实现，从而降低了自己对工作的满意度。

（三）参与管理少

参与管理的理论基础是管理学家麦格雷戈所提出的关于人性假设的 Y 理论。Y 理论认为，人有自我实现的需要，人的才能和潜力充分地发挥出来，人才能感受到最大的满足。麦格雷戈还认为，在适当的条件下采取参与式管理，鼓励人们把创造力投向组织的目标，使人们在与自己相关的事务的决策上享有一定的发言权，为满足他们的社会需要和自我实现需要提供了机会。麦格雷戈将员工参与管理定义为发挥员工所有的能力，并为鼓励员工对组织成功做更多的努力而设计的一种参与过程。其隐含的逻辑是：通过员工参与影响他们的决策、增加他们的自主性和对工作的控制，员工的积极性会更高，对组织会更忠诚，生产力水平会更高，对他们的工作会更加满意。

高等学校是"做学问"的地方，知识是高校运转的轴心，学术活动是高校最基本的活动，学术性是高校的根本属性，因此，大学首先存在学术权力，学术权力是大学的基本权力。教授治校是中世纪大学留给当代大学的优良传统，并造就了高等教育的辉煌，教授治校的大学理念决定了教师更需要参与学校管理，体现在把学术权力还给教师，让教师参与管理，发挥管理的民主性。作为知识的拥有者和创新者的教师们，不仅应当长期得到积极从事创新的鼓励，并享有多元化的学术自由，还应当拥有与他人相同的参与学校事务尤其是参与学校决策事务的权力。莫迪说："在大学内部，流行的现实可以概括为'知识权利'。意义就是，在任何领域决定权应该为有知识的人共享，知识最多的人有最大的发言权，没有知识的人无发言权。"这句话虽有过头之嫌，但充分说明了作为教学与科研活动直接参与者的教师最了解学术活动本身的特点，对学校的学术事务应该最有话语权。学校应该构建教师参与管理的制度，有效保障他们参与学校管理。统计数据显示，在"参与学校管理的概率"这一项目上，"兼有行政职务"的教师的工作满意度明显高于"未兼有行政职务"的教师。其原因是兼有行政职务的教师在参与学校管理过程中享有一定的决策权，学校的各项方案或措施来自他们的智慧和心血。正是"行政职务"为满足他们的社会需要和自我实现需要提供了机会，从而使他们在工作中积极性更高，对工作更满意。而未兼行政职务的教师尽管有自我实现的愿望，希望自己为学校贡献更多，但由于管理制度的不完善，学校未能为所有教师提供实现自我的机会，导致他们对工作的不满。

（四）晋升进修难

奥得弗尔的 ERG 理论认为，人有成长的需要。教师晋升与进修培训是满足教师个人成长需要的重要途径。个人晋升为教师提供个人成长的机会和更高的社会地位。晋升的公平性与合理性对满意度影响较大，只有当教师认为晋升机会是公平合理的时候，才会提高他们的工作满意度。进修培训工作是教师队伍建设的重要环节，不仅对学校的可持续发展具有重要意义，对教师个人今后的成长也有着重大影响。高校教师由于忙于教学，难有进修培训的机会，即使有这样的机会，也未公平获得，这无疑使他们对晋升进修满意度低，进而影响他们的工作满意度。

调查研究发现，所有教师对"晋升与进修的机会"满意度的平均值尽管超过了 3分的中值，但得分普遍不高，这充分说明高校教师对"晋升和进修机会"满意度不高，从而导致他们对自己所从事的工作满意度低。如果从年龄来考察，低于 3 分的是 30岁以下的教师；如果从学历来考察，低于 3 分的是具有专科学历的教师，这说明在这一项目上这两类教师比其他教师的满意度更低。这两类教师进修愿望更迫切，这也是可以理解的，其原因是：具有专科学历的教师，由于自身知识素养和技能水平的限制，难以在教学和科研中取得令自己满意的成绩，从而无法满足实现自我价值的高级需要。他们迫切需要通过进修和培训来完善自己的知识结构，拓展自己的能力，以便更好地满足教学和科研的需要。而 30 岁以下的教师由于刚刚参加工作不久，工作热情与积极性较高，精力较旺盛，生活压力较小，且属于适应工作期间，将自己定位于一个"学习"阶段。如果在这一阶段学校能有公平的进修培训机会，必能满足他们求知的欲望，提高其工作满意度。

（五）工作压力大

在调查过程中，相当一部分教师对"与原来相比，自己的工作热情"表示"不满意"，感觉"自己所从事的工作给自己带来了生理或心理上的压力"，有时让自己"有身心疲惫感"，这无疑说明教师工作压力过大。这种过大的工作压力不仅降低了教师的工作满意度，并在一定程度上让教师产生了职业倦怠。教师过大的工作压力主要包括以下内容：

第一，经济上的压力。目前，高校教师薪酬待遇低已是一个不争的事实，并且对薪酬福利满意度最低的是中青年教师，这在前面的论述中已涉及。这是因为中青年教师职称以助教和讲师居多，而现今的薪酬福利又与职称密切相关，从而使年轻助教和讲师的薪酬福利水平远远低于副教授和教授。有学者就薪酬福利中的岗位津贴做过调查，结果表明：多数青年教师的岗位津贴都集中在每年 0.5～1 万元的范围里，而又以每年 5000 元左右者居多，远远低于教授和部分领导。而广大的中青年教师由于婚姻、住房、子女就学等因素，使他们在经济上感到压力巨大，因而，很多教师选择兼职来缓解经济上的压力，但这无疑又会增加了他们的身心疲惫感，降低他们的工作满意度。

第二，实践的要求与现实的矛盾让教师产生的压力。根据高职教育的特征，实习实训是教学环节中的重中之重。要求每一个教师均成为"双师型"教师，成为高职学院下一步努力的方向。大部分年纪偏大的教师由于一直从事教学工作的缘故，基本无缘于企业工作；而年轻教师又往往受制于现实条件难以步入社会实践。结果是，大多数"双师型"教师实际上成了走过场的产物，未真正达到"双师型"水平的要求，反倒使相当多的高校教师产生心理压力。

第三，科研的压力。根据学校规定、职称晋升、考核、评价的需要，高校教师除教学外还必须完成一定的科研任务，而且，科研成果直接与岗位津贴挂钩，这也给工作量本来就很大的高校教师带来了更大的压力。在封闭的教育系统中，教师成了一个必须不断地探索，取得科研成果的脑力劳动者，长此以往无疑会降低自己工作的满意度。

第四，提升学历的压力。大多数高职院校是从以前的中专升格来的，因此，不少教师的学历未达到基本要求，不得不通过各种方法和途径提升自己的学历，这不仅会造成教师经济上的压力，更重要的是在提升学历的过程中需要时间和精力，让相当一部分教师压力倍增。

第五，评教的压力。目前，各高职院校均建立了各种评教体系，如学生评教、同行评教、督导组评教等。评教结果成了检验教师教学效果的主要手段之一，并且往往与教师的工作绩效、职称等挂钩，最终成为影响其收入的重要因素，从而让教师产生心理压力。

第六，评估工作的压力。国家对高职院校五年一次的人才培养水平评估以及国家级、省级示范性专业和精品课程建设评估等工作，是各级教育行政部门对高职教育严把质量关的一系列重要措施。但对高校教师而言，在做好日常教学工作的同时，还要付出额外的大量精力来完成迎接、接受评估的工作。这些工作不仅关系着教师自身的工作绩效和收入，而且还关系着学院的发展前途、教学质量和声誉，而这些工作也会让教师产生心理压力。

第七，角色冲突和角色模糊产生的压力。工作—家庭冲突理论认为，教师总会经历工作和家庭带来的冲突。当高校教师的工作角色和家庭角色发生冲突的时候，往往会使自己压力倍增，这种压力会降低他们的工作满意度。除此之外，高校教师有时还会遭遇角色模糊产生的压力。个体在不能确定采取什么行为来满足工作需要时，角色模糊的现象就出现了。绝大多数人不喜欢不确定，并发现这样给自己带来的压力非常大，但实践中这是难以避免的。有学者在调查中发现，有35%～60%的员工有某种程度的角色模糊。对于高校教师而言，他们中的多数在工作中扮演了多种角色。他们既要向学生传授知识，指导学生实习实训，有的教师还兼任了学校领导职务，有的甚至承担了辅导员工作、心理咨询工作等。他们既充当了老师、领导者的角色，同时又充当了学生的朋友和知己的角色。每一种工作都有特定的要求和侧重点，每一种角色都有特定的职责。而在实际工作中，由于教师的精力有限，使教师难以把握自己在特定工作中的角色定位，出现角色模糊，甚至角色矛盾，从而产生心理压力。

（六）工作简单乏味

工作本身满意度是员工对工作的愉悦性、挑战性的一种主观看法和感受。工作本身决定了个人日常工作所处的环境和面临的问题，直接影响着个人的情绪和工作状态。一般来讲，工作任务过于单调和重复，往往会给员工带来厌倦、烦闷、沮丧和压抑等情绪，导致员工缺勤率上升，工作满意度下降。Taber 和 Alliger 的研究发现，工作本身满意度与整体满意度显著相关，员工在工作中体验到的愉快时光越多，其整体工作满意度与工作满意度各维度的正相关越高。由于高校教师工作场所的固定和单一，备课、授课、批改作业的程式化，上课、下课的准点化，同时由于教师劳动成果的长期性和滞后性以及教师对其工作的价值及意义认识不够全面和深刻，让部分教师滋生了教师劳动简单、重复、缺乏挑战性和趣味性的感觉。而当其他最基本的需要如工资福利得不到充分满足的话，这种感觉会更强烈。正是在这种感觉的支配下和驱使下，教师感到厌倦、烦闷、沮丧和压抑，工作满意度下降。事实上，高校教师的工作性质也确实存在简单重复性。如由于高职学生的培养要求必须使课程设置简单实用，其深度和广度不够；课程内容的重复性，有些教师戏称"上了几年的教材还是一成不变"，即使教材内容有所完善，但大都只是局部调整；教学程序的程式化，让教师觉得刻板、僵化、缺乏趣味性。日复一日，年复一年，让高校教师难免会产生厌烦和沮丧心理，降低工作满意度。

（七）教师—学校匹配程度低

从前面的论述中可知，人与组织匹配程度是指个人的人格、价值观、目标、信仰等与组织的文化、价值观、规范、目标等的一致性程度。对组织而言，个人与组织匹配对组织文化的维系与传承、组织整体绩效的提升等具有重要意义。而对于个人而言，如果个人与组织匹配程度高，那么个人就会表现出积极的工作态度和行为，有较高的组织承诺，留职时间较长。已有的研究也证实，个人与组织匹配和个体的工作满意、工作绩效和组织承诺等有着很高的正相关。只有人与组织匹配的程度高，个人才会在工作中具有较高的工作满意度，并提高自己的工作绩效。同时从 Kristof 的个人与组织匹配的整合模型中可以看出，要想使个人与组织匹配，就必须使组织能满足个体的需要和偏好，只有组织提供了满足个体需要和偏好的条件，才能使个体拥有满足组织要求的能力。而从现实的调查中我们可以得知，高职院校难以满足教师的需要，如薪酬福利、科研条件、晋职进修、学术创新等这些经济的、物理的、心理的条件，因此，高校教师必然难以供给组织发展所需要的时间、努力、承诺、忠诚、经验以及能力，从而导致教师个人与高职院校的匹配程度低，也就必然降低其工作满意度。

当然，导致高校教师工作满意度低的原因除了上述七个方面之外，还有其他方面的原因，由于篇幅有限，本研究不宜继续分析，待我们以后再进一步研究。

第三节　提升高职院校教师工作满意度策略

鉴于高校教师工作满意度的现状,要提升高校教师的满意度,理应从以下几个方面着手。

一、提高教师薪酬福利

马斯洛的需要层次理论和奥德弗尔的 ERG 理论都认为,人有满足衣、食、住、行的低级需要。而薪酬福利是满足高校教师基本需要的主要渠道。与此同时,双因素理论也认为,薪酬福利属于"保健因素",尽管"保健因素"有所改善,不能提升员工的满意度,但是如得不到改善,就会导致不满。调查数据显示,所有的教师都普遍对薪酬福利满意度低。因此,要消除高校教师的不满;必须提高教师的薪酬福利。

(一)从绝对量上提高薪酬福利

从前面的调查数据和分析中可以看出,高校教师的薪酬福利在绝对量上是偏低的,薪酬福利又是满足高校教师基本需要的主要资源。过低的薪酬福利无法满足教师的基本需要,导致他们对工作不满。毫无疑问,要消除他们的不满,必须从绝对量上提高他们的薪酬福利。为此,首先,政府要加大对高职院校的投入,把对教育的投入置于优先的地位,真正做到经济发展,教育先行。要逐年增加教育拨款,用专项经费扶持高职院校的大型建设,以减轻学校负债,让其有足够的资金改善教师的福利待遇;其次,教育行政部门要真正给予学校分配的自主权,对学校的经费创收进行宏观指导和管理,尊重学校内部分配方案;再次,对于高级人才享受的政府津贴,政府财政必须及时足额给予补足。只有在绝对量上提高教师的薪酬福利水平才能激发他们的内在动力,才能留住有能力的教师,减小教师的流失率;才能提高教师行业的吸引力,让更多有能力的人才进入高职院校教师队伍中来;才能减少现有教师中为获取更多的收入被迫兼职的现象,使其安心本职工作,为学校的发展和学生的成长贡献自己的力量。

(二)调整薪酬结构

现有高校教师的薪酬制度主要以职称和资历为分配依据,同时固定工资所占的比例偏大,不具有调节功能,而校内津贴的比例较小,结构不尽合理,差距不大,仍存在平均主义现象,这无疑让高校教师滋生"干好干坏一个样"的心理。因此,要提升他们的工作满意度，必须改变以职称和资历为中心的分配模式，对目前的薪酬体系进行调整，让薪酬福利成为激励教师积极奉献的动因之一。既可以实行绩效薪酬制，即薪酬同绩效相结合；也可以优化三元结构薪酬分配体系，即基本工资、岗位津贴、绩效津贴，并确定其合理比例。有学者认为，其合理比例为35%：10%：55%，当然，这一分配比例是否合理和科学，值得进一步商榷。但是，各院校必须根据自身的特点确定其合理的薪酬分配比例，降低基本工资的比例，提高绩效工资的比例，突出薪酬的激励作用；其次，校内津贴要从目前以职称和资历为中心的岗位津贴逐渐向以业绩为中心的绩效津贴转变，拉开档次、差距，增强教师的竞争意识、质量意识和效益意识。即使是相同岗位的教师，由于工作绩效不同，其薪酬水平也理应不同。当然，在拉开薪酬档次、差距的同时，要注重分配的科学性和合理性，消除教师在岗位津贴分配时产生的"不公平"感；第三，薪酬分配的重心要向教学与科研的一线教师倾斜，向关键岗位和特殊岗位的教师倾斜，充分体现"优劳优酬"的原则。对优秀教师、学术带头人等一流人才可设立特殊津贴，做到一流人才、一流业绩、一流薪酬。

（三）构建期望式的薪酬制度

期望式的薪酬是基于人力资本理念而提出来的一种以个人的技术、知识、能力为基础，确定员工达到能力标准时对其提供薪酬的薪酬制度。传统上以职位为基础的薪酬根据职位和职能的不同而获得不同的薪酬，并不管员工履行该职能的情况。而基于人力资本的薪酬不是根据劳动产出，即现有绩效，它与既有的薪酬模式在思路上是反向的，个人的业绩在薪酬付给时尚处于未知状态，薪酬依据的是个人创造业绩的潜在能力，即人力资本存量。员工在发挥自己的才干为组织创造价值之前，管理者根据对方的总体把握和判断，认为或者说期望对方会作出什么样的贡献，给予一种期望式的薪酬。从理论上分析，不难发现这种薪酬具备的优势：对于组织内部员工，它有促进个人发展的导向作用。人力资本存量高就能获得更多薪酬的信息，必然促使员工不断地加强学习，增长自身的知识素养，提高个人的技能水平。对于整个社会，有着促使人们增加人力资本投资，从而达到提高国民素质的效果。期望式的薪酬对那些从事劳动产出难以计量的工作的个人，比以往的薪酬制度更加公平和更具有激励效应，一些工作并不直接带来经济效益，长时间地看不到成果，这时以劳动产出或者以工作岗位来确定薪酬，就因为难以区分同样岗位的个人努力程度有何不同，而并不公平，当然也就是弱激励的，这时，依据人力资本存量的期望式薪酬不失为一种有效的薪酬形式。在高职院校中构建期望式的薪酬体制，必然会促使教师不断地加强学习，丰富自己的知识，提高自己的能力和水平，从而满足实现自我价值的需要，提高自己对工作的满意度。当然，这种薪酬制度从理论上来分析具有较多优点，但是，从具体操作技术层面来考虑，还有很多工作要做。

二、改善教师学术科研条件

马斯洛需要层次理论和奥德弗尔的 ERG 理论认为，人不仅有满足衣、食、住、行的低级需要，还有满足尊重、自我实现或自我成长的高级需要。而学术研究是使高校教师赢得别人的尊重与实现自我价值、实现自我成长的重要载体。同时，双因素理论认为，要能充分挖掘教师的工作潜力、激发教师持久的工作热情、提高工作满意度必须从使工作富有成就感、工作成绩能得到认可、工作本身富有挑战性等这些"激励因素"方面着手。而学术研究本身就是一种挑战性极强的工作，学术研究成果的取得都会给教师带来莫大的荣誉感和自豪感。据调查数据显示，绝大部分的教师都对科研条件感到"不满意"，这无疑使教师丧失了自我实现的动力。因此，要提升高校教师的满意度，必须改善教科研条件。

1. 增加科研经费投入

科研工作离不开财力的支持，雄厚的财力支持是科研工作顺利开展和科研工作取得成效的前提条件。在发展过程中，大多数高职院校为了生存扩大办学规模，并把重心放在教学上，大量经费投入到基本建设和基础设施上，往往忽视科研场地、器材设施的配备，用于科研的经费投入较少，科研经费来源不多，即使教师申请到科研项目或有好的科研项目，因科研条件和经费的制约也难以顺利开展。因此，高职院校首先要转变科研观念，把科研工作和教学工作置于同等重要的地位，从而加大科研投入的比重。同时，要尽力争取政府相关部门增加对高职院校科研工作的资助，为科研工作的顺利开展提供物质保障。当然，也可以通过"企校"联合的形式来进行，由企业确定科研项目和提供科研经费，由学校承担科研任务。科研经费有了保证，不但可以购买科研资料、科研设备，确保科研信息的获取，为科研创造有利条件，而且还可以实施有效的奖励措施，激励教师积极参与科研工作，提高教师的工作满意度。

2. 加大科研管理力度

要提高高职院校教师对科研工作的满意度，不仅要增加科研经费的投入，改善科研条件，还要完善健全科研管理制度，加大科研管理力度，从制度上为教师的科研工作创造条件。为此，首先要合理定位。高职院校的科研工作不能盲目地照搬或机械地效仿本科高校的标准，要结合自身的办学定位；不能好高骛远地追求精尖技术项目，要结合教师的实际水平，本着"人人参与，发挥优势；分类指导，分层推进；服务优先，协调发展；合理定位，重点突出"的思想，鼓励全体教师增强科研意识，发挥优势和长处，主动开展科研工作；根据科研的基础性、应用性分类指导，根据任务的轻重缓急和人员水平高低分层推进；树立科研服务意识，减少无谓的争论，避免顾此失彼，力争教学、科研协调发展。每个院校都要根据基础、实力和发展战略，科学、合理地为科研工作定好位，集中学科优势、资源优势和人才优势，突出科研重点，形成科研特色和强项。其次要培养科研团队。科研团队既是制约科研工作的瓶颈，又是科研工作的核心和灵魂。当前，高职院校科研工作重点之一是要抓好骨干带起一支队伍，培养团队撑起一片蓝天。学校可以通过内培外引，选好苗子，定好计划，压上担子，创建条件，促进科研骨干成长；可以通过名师专家引领，课题项目支撑，校企合作推动，促进创新团队成长。再次要创新科研管理方法。要完善科研评价体系，为科研工作创造良好的环境；要强化科研机构的管理监督功能，在科研项目管理过程中既要帮助教师进行课题立项，为其提供科研信息，又要全面掌握项目进展情况；要加强科研成果管理，既要及时组织成果评估，又要注重对已完成或已鉴定成果的及时转化与开发，以最快的速度占领市场，产生效益，从而为教学服务，为教师服务。

三、增加教师参与管理机会

马斯洛的需要层次理论认为，人有实现自我的需要，参与管理是教师满足实现自我需要的重要途径之一。与此同时，麦格雷戈认为，在适当的条件下采取参与式管理，鼓励人们把创造力投向组织的目标，使人们在与自己相关的事务的决策上享有一定的发言权，为满足他们的社会需要和自我实现需要提供了机会。当员工的社会需要和自我实现需要得到满足时，员工的积极性会更高，对组织会更忠诚，生产效率更高，对他们的工作更满意。美国当代教育管理学者罗伯特·欧文斯明确指出："赋予员工参与重要决策的权力对他们来说是一种高度的激励。"员工参与管理之所以能有效地提高员工的工作满意度，其原因是：首先，员工参与管理可以激发员工的工作动机与工作热情，特别是当他们的一些重要的个人需要得到满足；其次，员工在参与管理的实践中提高能力，使得他们在工作中取得更好的成绩。而当取得的成绩得到别人的认可和肯定时，不仅会给员工带来物质的满足，更重要的是带来精神层面的满足，从而使员工在工作中能对自己的工作更满意。组织在增强员工参与管理的过程中通常包含了对他们的集体解决问题和沟通能力的训练。参与管理的方式试图通过增加组织成员对决策过程的投入，进而影响组织的绩效和员工的工作满意度。

尽管麦格雷戈是以公司员工为切入点研究的，但是对于高校教师而言，也有重要的借鉴意义。增加高校教师参与学校管理的机会，并以此来提高教师的工作满意度。可以采取以下几种形式：

（一）分享学校决策权

分享决策权是指下级在很大程度上分享其直接监管者的决策权。管理者与下级分享决策权的原因是，当工作变得越来越复杂时，他们常常无法了解员工所从事的工作实际，所以，选择最了解工作的人来参与决策，其结果可能是更完善的决策。在高职院校管理过程中，学校各项政策方针的制定、学校的日常管理制度的出台、修改及完善，各种评估体系的构建等都应该最大限度地调动全体教师来共同参与学校决策，征求全体教师的意见，共同论证方案的科学性、合理性及可行性，这样的决策是建立在全体教师集体智慧的基础之上的，可能更科学、更合理，实施起来让全体教师更信服。同样，这样能让教师自我实现需要得到满足，从而提高其工作的满意度。

（二）健全建议制度

优秀企业的经验表明，合理化建议制度是员工参与管理的一项重要制度，是进行制度设计的重要环节。丰田、福特、柯达等知名企业都是合理化建议制度的实践者。合理化建议制度在丰田公司被称为"创造性思考制度"。丰田公司认为，好产品来自好的设想。因此，丰田公司提出了"好主意，好产品"的口号，广泛采用合理化建议制度，激发全体员工的创造性思考，征求大家的"好主意"，以改善公司的业务。"好主意，好产品"意味着全体人员都来施展自己的才华，以全体人员的聪明才智，生产出质量更好、价格更廉、顾客更喜欢的产品。在高职院校管理中，要使全体教师都来施展自己的才华，以全体教师的智慧来共同促进学校的发展，就必须构建教师建议制度。这是因为这种制度不仅能征求全体教师的意见，增强他们的参与意识；更重要的是通过全体教师的共同思考和共同参与，提高每个教师自身的能力，创造出舒适的工作环境，增强全体教师对学校的忠诚感和归属感，提高他们对工作的满意度，最终为学校的发展壮大作出贡献。因此，高职院校应该广泛设立意见箱，并配备专人每月定期开启意见箱，收集和整理相关意见，对于好的意见应及时采纳并给予教师相应的奖励。

四、创新教师晋升、培训制度

公平理论认为，个人对工作的满意度是由个人知觉到对于工作所付出与所获得结果间的平衡来决定。知觉到公平，则满意；知觉到不公平，则不满意。在工作中个人也会有意无意地与他人做比较，将自己所付出及所获得的结果与别人比较，即横向比较，其比率相当，则会感到满意，若两者比率不相等，则会认为不公平而感到不满意。这种所获得的结果不仅仅指物质层面的，还包括个人的晋升、培训机会。个人晋升能为自己带来个人成长的机会、更多的责任和更高的社会地位;培训能使自己的知识结构、技能结构和能力结构及时改善,为个人的发展提供前提条件。在调查过程中,相当多的高校教师对晋升和培训满意度不高。因此,要提升高校教师的工作满意度,就必须健全公平合理的晋升、培训制度,不仅要做到结果公平,也要做到程序公平。让所有教师都能在公平的晋升和培训中获得个人的发展,提高工作的热情,提升工作满意度。为此,学校必须创新教师的晋升和培训制度。

(一)构建岗位轮换制

对于高职院校而言,岗位轮换制度是一项成本较低的组织内部调整和变动,如领导岗位与非领导岗位间的轮换、教学岗位与行政岗位的轮换、行政岗位之间的轮换,这也是使高校教师个人与职务匹配的重要措施。学校可以通过岗位轮换制度的实施,发现教师的优点和不足,使组织重组后更具效率;同时岗位轮换制可有效避免工资和福利成本的增加,是较经济的提高教师工作满意度的方法。对于教师个人而言,岗位轮换制既可提高教师工作的新鲜感,使工作充满动力和意义,更重要的是使高校教师与职务相匹配,既为教师个人找到合适的职务和为职位找到合适的人选,同时为教师的晋升提供了可能,从而减少教师的工作不满情绪,提升教师晋升满意度。当然,由于高校教师本身的专业限制,我们所指的岗位轮换不是指在不同专业的轮换,而是指管理岗位和非管理岗位的轮换,或者说领导岗位和非领导岗位的轮换,领导岗位之间的轮换。

同时,在构建教师岗位轮换制的过程中,还应遵循三个基本的原则:第一,用人所长原则。在进行岗位轮换的同时,要注意人力资源管理的基本原则,即用人所长,避人所短。因此,必须根据每个教师的能力特点和兴趣个性统筹考虑安排,尽量做到使所有教师能学有所长,提高人才使用效率;第二,自主自愿原则。要使岗位轮换达到预期的效果,必须遵循教师的自愿原则。因此,有必要与参与岗位轮换的教师进行有效的沟通,实行双方见面、双向选择等方式,减少由于岗位突然变化而给教师带来的心理不安和焦虑,使岗位轮换达到应有的效果;第三,合理时间原则。岗位轮换制实施过程中,应充分考虑轮换的时间周期,如果在过短时间内教师工作岗位变换频繁,对于教师心理带来的冲击远大于工作新鲜感给其带来的工作热情,其效果会适得其反。只有在岗位轮换过程中遵循这三个基本原则,才有可能为高校教师个人找到合适的职位,为职位找到最优的人选。只有这样,才有可能职得其才,才得其职,人职匹配,效果最优。

（二）构建培训机制

教师的培训是教师更新知识结构、优化技能与能力结构的重要举措。定期对教师进行培训是维持教师工作热情、激发教师工作动力、提高教师工作满意度的途径之一。要使每一位教师从培训中受益，就必须构建合理的教师培训机制，并提高培训的针对性。第一，分析、评估教师培训的需求。高职院校的教师培训应本着"以人为本"理念，分析培训需求，既要分析学校当前教师的学历水平、技能状况，同时还要分析在新形势下"双师型"教师应具备的基本知识、能力和技能，通过两者之间的对比，找出教师存在的差距，分类汇总后再来分析其中的原因，从而使培训个性化，为整个培训奠定良好的基础；第二，设计培训目标。根据培训需求信息，把有同种需求的教师分成一组，让教师共同商讨，建立正确、清晰的目标。如提高教师师德水平，引导教师爱岗敬业、为人师表、教书育人的师德目标；提高新教师课程设计、书写教案等教学能力目标；学历达标目标，专业实践能力目标等等；第三，制定详细的培训计划。根据设计好的多重目标，分类制定培训计划，从而使培训计划更有针对性。如对新教师的培训，其内容主要是思想教育工作能力、实际教学工作能力、班级工作管理能力、教学研究能力等培训，这类培训不在于提高学历，而在于职业实践经验知识；对于符合学历要求的教师应进行实践技能培训，学校要有计划地安排教师到企事业单位实习锻炼，提高广大教师特别是中青年教师的专业技能和实践能力，专业课教师应通过实践技能培训成为"双师型"教师；对从企业引进的有动手能力但学历还未达标的教师应送到普通高校进行学历提高培训，通过学习教育学、教学法及专业理论等知识，使他们早日获得教师资格，成为"双师型"教师；第四，制定和实施培训方案。根据培训计划中不同教师的培训目标，培训人员应和教师共同商讨不同的培训方案，并加以实施；第五，考核培训效果。通过评估、考核培训效果，培训人员可以发现在培训过程中的一些失误，及时与培训计划相对比，从而调整培训，以达到更好的培训效果。

五、缓解教师工作压力

教师不仅面临工作—家庭冲突带来的压力，还面临工作中方方面面及角色模糊带来的压力，这在前面已有详细的论述。很多研究已经证实，工作压力过大导致工作满意度低，进而影响工作绩效。因而，要提升教师工作满意度，就必须缓解教师的工作压力。

（一）确立"以人为本"的教育管理理念

"以人为本"的管理强调管理工作要以人为管理工作的出发点，强调对人性的理解，尊重人、关心人、爱护人、培养人、教育人，树立以人为中心的管理理念，在具体的管理工作中关心人的需要、凝聚人的智慧、激发人的潜能、提升人的技能、促进人的发展。在高校教育管理中，要确立"以人为本"的管理理念，首先要了解教师的各种需求，既要了解他们物质方面的需求，更重要的是了解其精神方面的需求，并及时地采取相应措施以满足其需要；其次要采取恰当的激励方式，把教师个人的聪明智慧和个人发展与学校的发展有机结合起来，增强教师对学校的认同感和归属感；挖掘其潜能，激发教师的工作热情和奉献精神；第三要推进学校管理制度改革，努力为教师的晋升和培训创造公平的机会，尽可能使教师的专业素养和业务能力得到提升；同时在推进高校管理改革的进程中要充分发扬民主，维护教师的合法权益，理解和尊重教师。只有在这样的管理理念下，高校教师才会在工作中感受到温馨和愉悦，使各种工作压力得到有效缓解，并在工作中产生对组织的归属感、认同感和忠诚感，对工作产生满意感。

（二）建立公平公正的竞争机制

公平公正的竞争机制可以避免教师在工作中产生过大工作压力、激发其工作热情和奉献精神、提升其工作满意度的重要载体。要在高职院校建立公平公正的竞争机制，必须注意以下三个环节：

首先，要做到竞争主体即所有的高校教师机会均等。机会为每个教师平等分享，也就是说，每一个教师想获得优胜地位，只取决于自己的能力和努力程度，不受身份、性别、种族和特权等差别影响。具有同等能力，付出同样努力，可以获得同样的机会。因此，每个教师都具有以其能力和努力获得平等竞争机会的权利。高职院校中所有的教师如果由于种种原因，其薪酬福利、晋升进修、职称评聘等竞争不是站在同一起跑线上，那么竞争毫无意义。这样，不但会使教师产生挫折感和沮丧感，降低工作的满意感，还会使其在工作中消极、怠工、敷衍了事。

其次，要做到竞争规则的公正性。规则对竞争主体应是一视同仁的，它只保证因竞争主体能力的不同和付出努力的不同而相应获得不同的竞争结果。如果竞争失去公正的原则，少数教师可靠钻营、权力或不学无术而获得竞争的优势，则无竞争意义可言。亚当斯的公平理论在分析人们积极性与投入分配关系中明确指出，人们都力图获得社会的公正对待，报酬的公平程度与人们的满意度正相关。报酬并不是一种具体的工资或奖金，而是指付出与获得两者的比率，即报酬指数。当报酬指数相等时，相应的努力即投入与相应的收入相对平衡，人们认为是公平的，因而是满意的。如果高职院校没有公平的竞争原则，就会导致教师报酬指数不相等，指数低的教师便认为是不公平的，并因此产生不满。这种不公平的竞争规则，造成自己的报酬低于其他与自己条件相同者，其唯一选择是谋求降低别人收入或者设法降低自己的投入，导致整体上的效率低下。因此，教师之间的竞争，必须在一系列的规则和规范下有序地进行，在一定程度上体现"公平、公正、效率"的原则，竞争才能得以顺利进行。

最后，要做到度量竞争结果的准确性。对竞争主体一视同仁的竞争规则，必须要有一个衡量竞争结果的准确尺度。假如丢失了准确的尺度，就丢失了公平的指示器和衡量器。因此，高校管理者对高校教师的工作表现和工作绩效的评估必须建立一个准确的评价尺度，只有这样，才能对竞争结果的评估做到全面、客观、公平、准确，从而达到良性竞争的目的。

（三）营造良好的工作环境

良好的工作环境能激发教师努力工作，积极创新，缓解工作压力，放松心情。因此，学校要采取切实有效的措施，为教师营造温馨、和谐、进取的工作环境。

首先要为教师营造优美的校园环境。如加强校园的绿化，保持校园的干净、整洁，合理规划学校布局，等等；其次要为教师营造宽松的制度环境。在对教师的管理中应该充分认识到教师是具有自主管理意识的健全的社会人。过于严苛和僵化的管理制度非但不能达到管理的目的，反而会让教师反感，使管理效果适得其反。因而，学校各项管理制度应该具有一定的弹性，使教师能有一定的自由，让教师由被动制约变为主动积极上进；再次要为教师创建休息娱乐的环境。学校是一个大集体，是一个大家庭。每个教师的身心健康都与学校工作有关，所以应多举办一些集体活动，减轻教学和科研工作给教师带来的压力。学校还可以定期或不定期地举行诸如音乐会、读书节、体育竞赛、旅游观光等活动，丰富教师的业余生活，缓解教师的心理压力；最后要营造良好的人际关系。良好的人际关系不仅是高校教师顺利开展工作的前提之一，而且良好的人际关系能缓解教师自身的工作压力。当教师自己感觉工作压力过大时，向朋友、同事及时倾诉，这无疑能使他们的压力得到有效缓解或消除。

（四）加强心理咨询和释放压力的培训

高职院校管理者要关心教师的身心健康，通过心理咨询、专业心理培训、网络心理热线等方式，帮助教师及时排解心中的困惑，及时调整心态，缓解压力。西方国家对心理健康问题非常重视，比如，英国有专门的"压力日"，日本许多公司都建立了"情绪发泄室"。目前，我国也开始关注这方面问题。为此，高职院校必须聘请资深专业人士为心理咨询员，通过设置心理辅导咨询室为教师提供专业性的帮助，定期进行心理健康和压力管理方面知识的培训，提高教师对压力的认识和抗压能力。与此同时，定期组织教师进行减压、抗压知识的竞赛，组织教师进行压力缓解技巧的交流，让全体教师在这种融洽、和谐的氛围中不知不觉地获取缓解压力的技巧和能力。

六、使工作具有趣味性和挑战性

苹果公司前总裁史蒂夫·乔布斯明确指出，"你的工作将会是你生活中很大一部分，唯一能使自己得到真正满足的是，做你认为是伟大的工作。做一份伟大工作的唯一方法是：热爱你所做的工作。"从前面的分析中我们可知，工作任务过于单调和重复，缺乏挑战性，往往会给教师带来厌倦、烦闷、沮丧和压抑的情绪，导致教师缺勤率上升，工作满意度下降。因此，要提高高校教师工作满意度必须使工作变得有趣和富有挑战性。与那些无趣和令人烦恼的工作相比，充满趣味性与挑战性的工作会使教师对其工作更满意。当然，在高职院校中有些工作本质上就是令人烦恼的，但几乎任何工作都可以注入一定程度的趣味。如高职院校可以让教师在工作之余进行游戏，或组织教师开展讲笑话比赛，并及时进行评比。这些方法可能不会使工作本身变得更令人满意，但可以通过增加工作场所的趣味来降低教师对工作的不满。

要提升高校教师的工作满意度，更重要的是通过上述的岗位轮换制为教师提供富有挑战性的工作。富有挑战性的工作是指工作的难度略高于教师的能力。这样的工作能更好地激发教师工作的主动性和创造性，增强教师的自主性和责任感，让他们在工作中充分享受解决问题和克服困难带来的巨大乐趣，提高工作满意度。而缺乏挑战性的工作容易使人厌倦，有责任感的员工会尽力把工作按要求干好，但缺乏创新的激情，缺乏责任感的员工则会懈怠敷衍，出现种种工作失误。管理者应该注意的是，如果工作的挑战性过强，员工通过种种努力达不到工作目标，那么适得其反，员工感觉到的会是深深的挫败感。

七、提高教师—岗位和教师—学校匹配程度

人—职匹配原理指人的能力与岗位要求的能力完全匹配，这种匹配包含着"恰好"的概念；两者的对应不仅使人的能力发挥得最好，岗位的工作任务也完成得最好，而且还会使人产生工作满意感。因而，要提升高校教师的工作满意度，必须提高教师—岗位的匹配度，使教师的能力与岗位要求的能力完全匹配。

人—组织匹配理论认为，人与组织匹配程度高，不仅能提高员工的工作满意度、

组织承诺，还能提高组织的整体绩效。所以，要提高教师与学校的匹配程度，首先，要对全体高校教师进行本校的组织文化、价值观、本组织的行为规范目标等方面的教育，使每一位高校教师都能对本校的价值观、行为规范和目标有一个全面且深入的了解，做到心中有数；并在此基础上激发他们的认同感和归属感，尽可能使每一位高校教师的个人价值观、目标和信仰融入学校当中，使教师真正和学校融为一体，树立他们与学校共生、共荣、共创的心理期待，提高他们与学校的匹配程度，提升工作满意度；其次，要加强对所有教师进行性格、气质、态度、能力等方面的心理测试，了解他们的人格特征，并提供与他们的个性特征相匹配的工作与职位，使人尽其职，职尽其才；再次，高职院校要在各个方面下功夫，实现教师需要与学校供给的匹配。通过提供工作条件、住房条件、科研条件、薪酬待遇、晋职进修、学术创新等，满足所有教师物质的需要和精神心理的需要。只有在此前提下，才能使高校教师在工作中充满热情，才能使他们为了学校的发展不遗余力地贡献自己的所学所能，最终达到人与组织的匹配，实现教师个人和学校共同发展的目标。

第二章　高校教师心理之工作动机

第一节　高校教师工作动机的理论基础

工作动机的理论最早起源于希腊哲学家的阐释，管理心理学对工作动机问题进行了十分广泛和深入的研究，从不同方面形成了各具实效的动机理论，归纳起来可以分为两大类。

一、动机内容结构理论

（一）需要层次理论

在需要理论中，马斯洛的需要层次理论（Maslow's Hierarchy of Needs）最具代表性，这一理论亦称"基本需要层次理论"，由美国心理学家亚伯拉罕·马斯洛于1943年在《人类动机理论》一文中提出。该理论把需要分成生理需要、安全需要、归属与爱的需要、尊重需要和自我实现需要五类，由较低层次到较高层次依次排列，构成需要的金字塔。他还明确指出，前三种需要为低级需要，可以通过外部条件使人得到满足；后两种需要属于高级需要，只能从内部使人得到满足，而且这种需要是永远不会感到完全满足的要激发和培养人们的工作动机必须了解人们的当前状态下的需要层次，然后进一步满足，但是这一理论往往忽略了高层需要对低层需要的调节作用。

奥德弗尔（C.Alderfer）赞同马斯洛关于个体需要具有层次性的观点，但是修订了马斯洛的需要层次理论，提出了新的需要理论，即需要分为生存需要（exsistence E）、关系需要（relatedness R）和成长需要（growth G），这一理论可简称为 ERG 理论。

（二）双因素理论

双因素理论（Two Factors Theory）又称为激励保健理论（Motivator Hygiene Theory），是美国行为科学家弗雷德里克·赫茨伯格（Fredrick Herzberg）提出来的。该理论认为，引起人们工作动机的因素主要有两个：一是保健因素；二是激励因素。

保健因素只能消除不满,不能使员工变得满意,也不能激发他们的积极性;而激励因素则能激励员工的积极性和热情,从而提高员工的积极性。因此,他认为,只有靠激励因素才能充分调动员工的积极性,才能提高生产效率。

汉克曼和欧德哈姆(Hackman and Oldham,)拓展了赫茨伯格的理论,认为特定工作特征和心理过程能够增加员工满意度和提高其动力。

成就动机理论由美国哈佛大学教授戴维·麦克利兰(David McClelland)提出。他从 20 世纪 40—50 年代开始对人的需要和动机进行研究,提出了著名的“三种需要理论”。麦克利兰认为,人除了生存需要之外,还有三种重要需要,即成就需要、社交需要和权力需要,他特别重视成就需要,因此,他的理论也被称为成就动机理论,这是一种从想要得到的不同结果对需要进行分类的理论,对于我们在实践中对那些有强烈成就需要的人应该采取什么样的激励措施和方法具有特殊的指导作用。

阿特金森继承并发展了麦克利兰的成就动机理论,他认为,个人的成就动机是激励个体乐于从事自己认为重要的或有价值的工作并力求取得成功的内在驱动力。在他看来,个体在追求成就动机时存在两种倾向:一种是力求成功的动机;一种是避免失败的动机。根据这两类动机在个体动机系统中的强度,可以将个体分为力求成功者和避免失败者,前者的目的是获取成功,倾向于选择中等难度的任务,而后者倾向于选择非常容易或非常困难的任务。

二、动机作用过程理论

(一)期望理论

期望理论由美国心理学家弗弗鲁姆(Vroom)在 1964 年出版的《工作与激励》一书中提出,这一理论可以用公式表示为:激励 = 效价 * 期望,为了使激励达到最佳值,弗鲁姆提出了人的期望模式:个人努力—个人成绩—组织奖励—个人需要,根据这一模式,我们要很好地激发员工的工作动机,需要处理这样三种关系:努力与成绩的关系、成绩与奖励的关系、奖励与满足个人需要的关系。

弗鲁姆的期望理论后来得到进一步的发展,其中包括三个主要成分:效价、工具性和期望,期望理论因而以需求和努力来定义激励的概念,认为由效价、工具性和期望等因素的交互作用决定着激励程度,它们三者中的任何一项接近于零时,激励效应将急剧下降;反之,要使激励具有高度的正面效应,与其关联的效价、工具性和期望值都必须是高正值。

（二）公平理论

公平理论又称为社会比较论，由美国心理学家约翰·斯塔希·亚当斯（John Stacey Adams）于 1965 年提出。该理论是研究人的动机和知觉关系的激励理论，它基于个体对投入与产出这两个变量的知觉和比较，投入是指个体所做的贡献，产出是指个体所获取的回报。当个体为自己确定了一个投入与产出的比率之后，就会将这一比率与处于相同或相似情景中他人的投入与产出的比率进行比较，当个体的投入—产出比率与相关者的投入—产出比率相等时，个体就会感到公平；当这种比率不相等时，就会产生不公平感。当然，除了横向比较以外，个体还会进行纵向比较，即将现在自己的投入与产出的比率与过去的比率进行比较，如果相等则会认为公平，如果不相等则认为不公平。因此，要使激励达到预期效果，个体内心的公平感是非常重要的影响因素。

（三）目标设置理论

目标设置理论（Goal Setting Theory）由美国马里兰大学管理学兼心理学教授洛克（E.A.Locke）于 1968 年提出，他认为，期望理论忽略了目标设定，仅仅是一种认知享乐主义。外来的刺激（如奖励、工作反馈、监督压力）是通过目标来影响动机的。目标能引导活动指向与目标有关的行为，使人们根据难度的大小来调整努力程度，并影响行为的持久性。他认为，目标本身就具有激励作用，目标能把人的需要转变为动机，使人们的行为朝着一定的方向努力，并将自己的行为结果与既定的目标相对照，及时进行调整和修正，从而实现目标。他还通过大量的实验研究发现，具体的目标比模糊和宽泛的目标更有效果。另外，绩效目标应该是有挑战性但又可以完成的而非简单或常规的，这样才能起到很好的激励作用。

许多学者做了进一步的理论和实证研究，如尤克尔（GlAlYukl）和莱瑟姆（GIPI Latham）认为，目标设置应与组织成员参与、注意个别差异和实现目标艰巨性等因素结合运用，并提出了目标设置的综合模式；班杜拉（Bandura）和洛克等人则认识到目标对动机的影响受自我效能感等中介变量的影响；德韦克（Dweck）及其同事在能力理论基础上，区分了目标的性质，并结合社会认知研究的最新成果，提出了动机的目标取向理论。

（四）归因理论

归因理论最早是由心理学家海德（Heider）在他所研究的社会知觉的实验中提出的，主要包括三个方面：理解事件发生的原因，对影响因果关系的内部与外部因素进行分析；评价归因后果和造成事件结果的责任，并根据人的行为表现作出推论；评价人的特征，并对进一步的工作态度和行为进行预测。

归因理论有不同的模型。克利（Kelley）提出三维归因模型，认为影响行为因果关系归因有三个因素：独特性、普遍性、一致性。维纳（Weiner）提出了成功与失败的归因模型，认为影响成功与失败的主要原因有：努力、能力、任务难度和机遇。因此，在激发工作动机时，应该把成功归因于努力和能力等内部原因，把失败归因于任务难度和机遇等外部原因。王重鸣在此研究的基础上提出了工作责任制归因模型。工作责任制对工作活动有很大影响，并且影响着对成功与失败的归因倾向，因而，员工能否对自己的工作成败作出正确且恰当的归因，会影响到以后的工作情绪、工作目标和期望，进而影响以后工作的积极性。

（五）自我效能感理论

自我效能感是指人们在进行某一活动之前，对自己是否能成功地从事某一成就行为的主观判断，这一概念最早由班杜拉提出。他认为，人的行为受行为的结果因素和先行因素的影响。行为的结果因素就是强化，行为的先行因素是期待，其中包括结果期待和效能期待。结果期待是指个体对自己的某一行为会导致某一结果的推测，如果个体预测到某一特定行为会导致某一特定的结果，那么这一行为就可能被激活和被选择；效能期待是指个体对自己能否实施某种成就行为的能力的判断，它意味着个体是否确信自己能成功地进行带来某一结果的行为。当个体确信自己有能力进行某一活动时，就会产生高度的"自我效能感"，并去进行该活动。这种自我效能感主要受直接经验、替代性经验、言语说服、情绪唤起四个因素的影响。

（六）自我决定理论

自我决定理论是美国学者德舍和袁恩（Deci & Ryan）在 20 世纪 70 年代末提出的关于人类行为的动机理论，该理论从有机辩证的角度阐述了外部环境促进内部动机并促进外部动机内化的过程，揭示了外在干预影响下个体动机的有效路径，由自我评价理论（Cognitive Evaluation Theory）发展而来，后又发展为因果定向理论（Causality Orien—tation Theory）和有机整合理论（Organismic Integration Theory）。该理论的核心是认为社会因素与个体的因果定向共同作用，通过满足个体的自主、胜任与关系三大心理需要，促进内部动机，并促进外部动机的内化，从而促进个体的工作行为和心理健康的发展。

（七）强化理论

强化理论由行为主义学习理论家提出，以斯金纳为代表，用强化来解释动机的产生。该理论认为，人的学习和工作倾向完全取决于先前的这种学习行为与因强化而建立起来的刺激之间的稳固联系，强化可以使人在学习和工作过程中增强某种反应重复的可能性。如果工作中得到强化，则会产生较强的工作动机；如果没有得到强化，则没有工作的动机；如果受到惩罚，如遭受批评和指责，则会产生避免工作的动机。因此，应该合理地增加正强化，利用负强化，从而更好地激发工作动机。

第二节　高校教师工作动机的现状及其影响因素

一、高校教师工作动机的现状

根据问卷设计和计分标准，七个维度或子动机分别满分为 7 分。调查结果发现，高校教师的工作动机总体得分为 5.136 分，处在较符合（5 分）和符合（6 分）之间，稍高于"较符合"，说明高校教师的工作动机较为强烈，但没有达到强烈和非常强烈的程度，表明高校教师的工作动机不很高，还存在一些问题，还有激发和培养的空间。

七个因子对教师工作的推力并不完全一样，也就是说，七个子动机的强烈程度不一样。其中，责任动机的得分最高，为 5.774 分，关系动机次之，为 5.323 分；再次是参与动机、自我实现动机和权力动机，分别为 5.290、5.218 和 5.073；最后是生存动机和趣味动机，分别为 4.653 分和 4.621 分。根据宋书文提出的教师工作动机分为服从型工作动机、自尊型工作动机、事业型工作动机等三种类型的观点，从我们的研究结果不难发现，高校教师自尊型和事业型工作动机占主要地位，而服从型工作动机则相对较弱。

生存动机。生存动机的得分并不高，平均得分仅为 4.653 分，这说明高校教师的生存动机较弱，这与林锦绣的研究发现相吻合。这一结果是与教育行业的性质相关的。学校不以营利为目的，不像企业那样追逐经济效益，它更多地是为了创造社会效益，而教师职业作为一项教书育人的职业，原本就是较为清贫的，但凡愿意肩负教育使命的教师，工作并不完全是为了生存，因而，薪酬、福利、奖金和工作中的额外收入并不是促使他们工作的原始动力。

关系动机。梅奥（George Ehon Mayo）提出了"社会人"的假设，认为良好的人际关系对调动人的工作积极性有着决定性的作用，霍桑试验证明了这一假设的正确性。作为知识分子的高校教师更加看重人际关系,本研究的结果再次证明了这一观点,关系动机的平均分为 5.323 分,足见教师非常重视人与人之间的关系。可以说,正是因为良好的人际关系大大地促进了教师工作的积极性。关系动机维度下细分为四个因子,分别是总人际关系、与同事的关系、与领导的关系、与学生的关系。从统计结果看,总人际关系分为 5.710,充分说明教师对工作当中人际关系的高度重视。与同事、领导和学生关系的重视程度稍有差别,分别为 5.032 分、4.871 分、5.677 分,表明教师最为看重的是师生关系,良好的师生关系能够极大地调动教师的工作积极性。这与张剑、张建兵和李跃在谈及促进工作动机的有效路径时所主张的应该满足教师关系需要的观点相符,但与辛朋涛的研究结论不一致。

自我实现动机。马斯洛的需要层次理论和阿德佛的生存—关系—成长(ERG)理论都认为,人有自我实现的需要,高校教师也不例外。本研究结果表明,高校教师自我实现动机的平均分为 5.218 分,属于中等偏上的位置。也就是说,自我实现对教师工作的推力比较大。这与祝国群和潘娟华在对高校教师积极性的影响因素进行分析时得出的结论一致。根据马斯洛的"自我实现人"的假设,人都期望自我实现,需要发挥自己的潜力,表现自己的才能,而只有潜力充分发挥出来,才能充分表现出来,才会感到最大程度的满意。教师作为知识分子,有着自己的理想和抱负,对自我价值实现的要求是可想而知的。该子动机下同样设置了四个因子,分别为人—职匹配度、施展自己的才能、晋升空间、工作挑战性。其中,施展自己的才能这一项得分最高,表明教师看重工作当中发挥自己的所长、施展自己的才能,这就要求高校管理为教师发挥所长、施展才能提供平台和机会,以实现人尽其才,提升教师的工作热情。

权力动机。传统意义上的教师权力主要分为职位权力、学术权力、惩戒权力,笔者在本次研究中主要是针对教师的职位权力。教师的权力动机是经常被忽视的一项动机,事实上,高校教师权力动机虽没有责任动机和关系动机强烈,却也是不容小觑。研究发现,权力动机的平均分为 5.073 分,居于第五位,由此我们不难发现,高校教师工作的动力有一部分来自权力欲望的,当然这并不占主导地位。教师作为专业技术人员,对权利的掌控欲自然不如行政类职业的人员强烈,但是对权力也有着一定的追求。在权力动机这一维度下,笔者同样设置了四道问题,分别测量教师的领导欲,对同事、对学生、对其他社会成员的掌控欲。例如,当被问及"如果我是学校的领导者,我会更加积极地参与工作"时,分数在 4 分及其以上的教师达到了 87.1%,也就是说,相当一部分的教师有着较强的领导欲望。总之,教师的权力动机并不非常突出,但是也不容忽视。

责任动机。在七项子动机中,责任动机的得分最高,达到了 5.774 分。这是与教师这一职业的特征相关的。教师被称为"春蚕""红烛""园丁""铺路石""人类灵魂的工程师",在接受社会赞颂的同时身上更背负着为国家培养下一代、为社会培养所需人才的重要责任。教师的一言一行都会对学生有着最直接的影响。所以,无形当中的一种压力、一种责任,让每一位教师不得不保持着高度的警惕,而这种警惕在工作当中会成为一种内在的推力。当被问到"出于对学生负责的态度,不会轻易离开岗位"时,有 87% 的教师选择了"较符合""符合"或"非常符合",这说明教师的责任动机中很大一部分来自学生,这也更进一步提醒我们,融洽的师生关系相当重要。朱修援、王小丽和刘胜曾提到一种以教育为己任的教师,也就是以改造人的责任感来教书育人,或者说把教书育人看成是自己的社会责任。本研究证实了这种责任型的教师是占大多数的。

趣味动机。趣味动机的得分最低,仅为 4.621 分。在传统的眼光中,教师是一项严肃的职业,教书育人是天职,与趣味是少有关联的。因而,一直以来,趣味被摆在了无关紧要的地位。在工作中教师对趣味的重视程度并不高,也就不再让人意外。当被问及"幽默风趣的工作氛围会增加我对工作的热情"时,选择 3 分及 3 分以下的教师达到 45%,足见他们对趣味因子确实不很重视。笔者推测这一方面是因为教师角色的特殊性决定的,教师是一个示范者的角色,学生会以教师作为模仿和学习的对象,因此,教师的一言一行都非常的重要。如果在工作中过分地注重趣味因子,会给学生一种错觉,觉得学习也是以追求趣味为主,而不是为了最大限度地充实自己;另外一方面,每一位教师在立志成为一名优秀的人民教师时,大部分都是出于一种对社会的责任,对自己理想的一种追求,而不是单纯地为了获得趣味,趣味的满足一般是在工作以外的业余时间。

参与动机。随着管理中民主意识的觉醒,"参与"一词被提上议程,同样,高校教师也非常重视参与,参与管理能让他们有一种主人翁意识。马罗(A.J.Marrow)在哈乌德公司(The Harwood Co.)进行的试验充分证明参与管理比传统的任务管理更有效果。本研究结果明确显示,高校教师的参与动机分为 5.290 分,排在第三位,是比较强烈的。其中,"如果自己提出的管理建议被领导采纳,会更加努力工作"这一因子的得分最高,达到了 5.677 分。也就是说,高校教师注重工作中的参与,要求被重视,参与学校管理的意愿相当强烈。

综合上述结果,不难得出高校教师工作动机不很高、各子动机的强烈程度不一样的结论。

二、影响高校教师工作动机的个人背景因素分析

影响高校教师工作动机的个人背景因素也可称之为主观因素。个人背景因素对工作动机有着最基础、最直接的影响，是工作动机的内在决定因素。影响教师的个人背景因素主要有：性别、婚否、年龄、工作年限、学历、职称和教学学科。

（一）不同性别教师工作动机

根据工作—家庭冲突理论，由于女教师在家庭生活中需要承担更大的责任，主要包括照顾孩子、处理家务等，高的家庭卷入水平意味着低工作卷入水平。同时工作—家庭的冲突为她们带来了更大的压力，导致她们比男教师更难以全身心地投入工作，工作动机相对较低。本次研究的结果再次证实了这一理论，男教师七项子动机的平均得分为 5.307 分，而女教师为 4.977 分。代表男教师的实线曲线基本处于代表女教师的虚线曲线的上方，也就是说，男教师的工作动机整体上高于女教师。在七项子动机中，男教师平均得分最高的是权力动机，为 5.750 分，女教师平均得分最高的是责任动机，为 5.845 分，出现这种差别并不难解释，男教师的社会属性相比女教师更强，对权力有着更强烈的欲望，希望获得良好的社会地位，因此，对权力的掌控能极大地激发他们的工作动机。而女性有着与生俱来的母性，在教书育人过程中会更愿意把学生当作自己的孩子来看待，母亲对孩子的这样一种责任感会促使女教师更加积极地工作，因而，其责任动机会最高。为进一步探究男女教师工作动机的差异情况，笔者利用线性回归方程进行 F 检验，从而了解性别在各个维度差异的显著性水平。男教师和女教师除权力动机的差异达到了非常显著水平（$P < 0.01$）外，生存动机、关系动机、自我实现动机、责任动机、趣味动机和参与动机尽管存在一定的差异，但其差异并没有达到显著或非常显著的程度（$P>0.05$）。

（二）不同婚姻状况教师工作动机

有研究者发现，已婚者出勤率更高，离职率更低，工作积极性更高，一方面已婚者心理会更成熟一些，对工作会有更深刻的认识；另一方面已婚者有来自家庭的责任，这促使他们必须积极工作以获得更多的收益来维持家庭生活。但是本研究得出的结果不然，已婚教师的总体工作动机得分为 4.288 分，而未婚教师的得分为 5.149 分，差距是比较明显的。出现这样的转变是与现实的变化相关联的。现在的年轻人相比多年前的年轻人，面临着更多的压力，未婚教师大多数需要独自面对，而已婚教师则有夫妻双方共同分担。在瞬息万变的市场环境下，如果教师的工作出现意外变故，如下岗、失业，已婚教师由于有配偶，即便自己的工作出现暂时的中断，也会有配偶来

帮助维持生活，从而具备了抗击风险的能力。但是未婚教师独自一人则不具备这样的抗风险能力，因而，他们需要更加积极努力地工作。具体到各项子动机，在生存动机和自我实现动机这两个子动机上，折线是浮在方形柱上方的，也就是说，未婚教师的生存动机和自我实现动机相对已婚教师要更强烈，尤其是生存动机，达到了5.833分，远远超过了已婚教师的4.370分。对已婚和未婚教师在生存动机上的差异显著性进行检验发现，两者达到了显著水平（P<0.05）。笔者认为，出现这种显著差异是完全符合现实状况的。在当今形势下，婚前购房买车已成为大势所趋，这使得未婚教师承受巨大的经济压力，他们不得不想办法从工作中尽量得到更多的物质收获，因而，生存动机会更强。而已婚教师一般已有住房，即使有房贷的压力，但毕竟夫妻双方可以分担。除生存动机外，未婚教师的自我实现动机也高于已婚教师的自我实现动机，分别为5.750分、5.090分，但是差异没有达到显著性水平（P>0.05）。其他几项动机，则是已婚教师更加强烈，尤其是责任动机已婚教师达到了5.910分，高于未婚教师的5.208分，笔者推测这是因为已婚教师经过了婚姻的洗礼，会更加成熟，对责任会有更加深刻的认识，因而，在工作中会有更强烈的责任动机。

（三）不同年龄教师工作动机

年龄对高校教师工作的影响并不明显，从总体的工作动机来看，各个年龄阶段的教师得分相差不大。但是具体到各项子动机，则有一定的差异。差异最为显著的是自我实现动机，年轻的教师明显高于年长的教师。对其进行F检验发现，年龄在自我实现动机维度上的差异达到了显著水平（P<0.05）。这与学者库兰和约翰森（Kuhlan & Johnson，1952）得出的结论一致。笔者认为，年轻的教师相比年长的教师有更高的自我实现动机，是因为他们心中燃烧着自己的梦想，实现这种梦想对他们来说比什么都重要，因而，他们会要求工作能够发挥自己的才能，实现自己的抱负，促进其自我实现的工作将会很好地激励他们；而年长的教师由于岁月的老去，这种拼搏、实现抱负的热忱渐渐消退，他们的心态随之趋向于平和。其他几项子动机在年龄这一背景因素下，虽没有表现显著的差异（P>0.05），但是也存在着一定的差异。比如，在生存动机这一维度上，30岁以下的教师远远超过了其他年龄阶段的教师，得分达到了5.833，这与笔者前文所得出的未婚者生存动机较强的结论一致，因为未婚者一般是处在这个年龄阶段。这一年龄阶段的教师生存压力较大，因而，他们的生存动机会更强烈。而在权力动机这一维度上，41～60岁的教师明显高于40岁以下和60岁以上的教师，呈抛物线，中间高，两端低，这与库兰和约翰森的结论越年长的教师权力动机越高有一定的区别。

（四）不同工作年限教师工作动机

工作年限也是高校教师工作动机一个不容忽视的影响因素，但是一般少有学者将其作为一项背景因素进行研究。本研究结果充分显示，工作年限对高校教师的工作动机是有影响的。就总体工作动机而言，工作年限为 21～30 年的教师得分最高，为 5.243 分，10 年以下得分为 5.131 分，11～20 年得分为 5.071 分，30 年以上的得分为 5.000 分。F 检验发现，不同工作年限教师的总体工作动机没有显著差异（P>0.05）。但仔细分析每一项子动机则发现，自我实现动机和责任动机这两个子动机的差异非常显著（P<0.01），自我实现动机随着工作年限的增加呈下降的趋势，这与上文所得出的年轻教师比年长教师的自我实现动机更高的结论一致。因为刚步入工作岗位的教师，往往对未来有着美好的憧憬，心中满是宏图伟志，希望在工作中一展所长，实现自身价值。而随着时间的流逝，工作经验得到了积累，但是当初的热情被渐渐地浇灭。工作年限达到二三十年的教师，一般不会再想着去创造些什么，而更多的会想着怎么维持好现有的一切，因而，他们的自我实现动机逐步减弱。责任动机也是差异非常显著的（P < 0.01），而且情况与自我实现动机恰恰相反。工作年限越长，责任动机越高，其中，工作年限 10 年以下的教师责任动机最弱，仅为 5.208 分，远远落后于工作 10 年以上的教师。笔者推测，出现这样的差别是因为教学工作本身就是一位良师益友，能够很好地强化教师的责任感，刚开始教学工作的教师，这种责任感是比较薄弱的，但是随着时间的推移，他们的责任感会越来越强，会越来越感觉自己肩负着非常重大的责任，这种责任感催人奋进，会使教师更加积极工作。除自我实现动机和责任动机以外的其他几项动机均没有显著的差异（P>0.05）。

（五）不同学历教师工作动机

高校教师的学历一般是本科、硕士和博士三种。不同学历的教师其工作动机是不一样的。本科学历的教师整体工作动机仅为 4.778 分，要落后于硕士和博士学历的教师，而博士学历的教师工作动机最高，为 5.317 分。分别代表本科学历、硕士学历和博士学历的三条折线，在自我实现动机和趣味动机上出现了分离的状态，而在其他几项动机上则是交汇的，也就是说，在自我实现动机和趣味动机这两个子动机上不同学历的教师得分差异较大。F 检验的结果更加验证了这一点，不同学历的教师在这两个子动机上的差异显著（P<0.05）。本科学历的教师自我实现动机得分为 4.390 分，而硕士和博士学历的教师得分分别为 5.585 分、5.538 分，远远高于本科学历的教师。笔者认为，本科学历的教师，因为自身的教育投入低于硕士和博士，所以，他们对产出也就不会有那么高的期望，而相反，硕士和博士学历的教师，投入了大量

的钱财、精力、时间在自身的深造方面，他们会在工作中要求这种教育投入和产出成正比，因而，自我实现的动机会更强烈。同样，趣味动机的差异也是显著的（P<0.05）。前文提及，在趣味动机上，年长教师要高于年轻教师，这与我们的猜想是不一致的。经过学历背景的差异分析，同样发现，博士学历的教师趣味动机最高，趣味动机随着学历的上升呈现上升的趋势，得分分别为 3.803 分、4445 分、5.310 分。由此不难看出，高学历的教师不是通常所认为的书呆子，他们对趣味有着一种更高的欲望。在其他几项子动机上，说明学历的差异对这些子动机的影响并不大。

（六）不同职称教师工作动机

职称是对高校教师资历、能力尤其是学术能力的判定和表征，并与教师的地位、声誉、利益等直接关联，争取晋升职称成为高校教师的一个重要压力源，也是其努力工作的一种推力。本研究发现，拥有不同职称的高校教师，其工作动机是不同的。教授的总体工作动机最高，达到了 5.318 分，助教的得分最低，为 4.928 分。在七项子动机中，助教的生存动机最高，为 5.750 分；讲师的自我实现动机最高，为 5.875 分；副教授的责任动机最高，为 6.128 分；教授的参与动机最高，为 6.075 分。这些都为更有针对性地激发不同职称教师的工作动机提供了一定的依据。F 检验发现，不同职称的教师在趣味动机和参与动机两个子动机上差异较大，其中，趣味动机的差异达到显著水平（P<0.05），参与动机的差异达到非常显著水平（P<0.01）。在这两个子动机上，四种职称的教师得分都是呈阶梯式上升，助教最低，教授最高。不同职称教师的趣味动机呈现这种现象是与前文所得出的趣味动机随着学历的增长而增长这一结论相吻合，因为学历和职称原本就存在一定的正相关。而不同职称的教师在参与动机上表现出的高差异性很可能是因为：职称越高的教师，越希望受到领导的重视，希望自己的意见被采纳，希望自己能参与到学校的管理中；而职称较低的教师则会感到自己人微言轻，对参与管理不会有很高的追求，而且自身还有来自职称晋升的压力，根本无暇顾及其他。

（七）不同教学学科教师工作动机

不同教学学科教师的工作动机有一定的差异，其中以管理学学科的教师工作动机最高，达到了 5.536 分，而法学学科教师的工作动机最低，仅仅为 4.446 分。但是，不同教学学科的教师的工作动机差异没有达到显著水平（P>0.05）。同样，不同教学学科教师各项子动机的差异也没有达到显著水平（P>0.05）。这充分说明教学学科这一背景因素对工作动机的影响并不很大。当然，值得注意的是，管理学学科的教师关系动机比其他教学学科的教师强烈。

综合上述结果，不难得出高校教师的个人背景因素不同整体工作动机及各个子动机不同的结论。

三、影响高校教师工作动机的学校因素分析

学校因素的影响是指学校（组织）的因素对教师工作动机产生的影响，主要表现为对教师工作动机的外部刺激作用。学校因素的影响可以分为物质因素、精神因素、环境因素和管理因素等对教师工作动机的影响。

（一）物质因素

阿德佛奥德弗尔的 ERG 理论认为，人的需要可以分为生存需要、关系需要、成长需要，其中生存需要是最基本的需要。生存指人在衣、食、住、行等方面的物质需要，这种需要只有通过钱才能得以满足。学校为教师提供薪酬待遇正是为了满足教师的生存需要。如果教师的生存需要能够得到满足，其工作动机会比较容易激发；而如果组织不能为教师提供满足生存需要的物质条件，其工作动机将很难激发。因此，薪酬待遇水平将直接影响教师的工作动机。虽然本研究发现高校教师的生存动机并不高，仅为 4.653 分，提示教师并不是完全为了薪酬待遇才工作，但是生存需要作为教师的最基本需要，学校如果能在薪酬待遇上处理得当，合理满足教师的生存需要，也会很好地激发教师的工作动机。薪酬可以分为绝对薪酬和相对薪酬。绝对薪酬的高低直接关系到教师的生活质量。我国高校教师的薪酬并不高，与国外的教师待遇存在很大差距。如在 2003 年，新加坡南洋理工大学教授的年薪就已经达到 178750～270875 新元，副教授是 108625～204875 新元，助教 71500～121690 新元，讲师是 40560～83190 新元。诱人的高额薪资极大地调动了新加坡教师的工作积极性，这也是新加坡教育蒸蒸日上的一个重要原因。然而，绝对报酬并不是越高越好，过低的薪酬无法激发工作动机，过高的薪酬会过犹不及，只有适当的薪酬才能很好地激发教师工作动机，同时也不损害组织利益。相对报酬是教师薪酬相对于其他行业报酬的高低。相对报酬高说明教师在整个社会中地位较高，如果相对报酬太低，许多教师也许会选择从事其他工作。2002 年全国部分行业收入情况的调查结果显示，中国平均工资前 15 位的行业中，高校教师位于第 10 位，国家公务员、公共事业单位与其他行业收入水平是高校教师的 1.8 倍以上，最高的达到 2.5 倍。这充分说明，我国高校教师的相对薪酬并不高，教师感觉不到自己作为教师的物质优越性，因此，也很大程度上影响教师的工作动机。

（二）精神因素

马斯洛的需要层次理论认为,人的最高层次需要是自我实现的需要,自我实现的需要就是期望自己的潜力得以发挥,做好自己的工作,实现自我,成为自己所期望的人。人们千方百计地通过工作实践,将自己的潜能现实化。本研究结果显示,高校教师自我实现动机得分为 5.218 分,说明教师的自我实现动机比较强烈。而培训、晋升显然是个人自我实现的重要途径。学校通过送教师外出进修学习、培训等方式来充实教师的知识,培养他们的能力。可以说,培训已成为很重要的奖励。如果教师得到"充电"的机会,他们会感觉学校对自己的发展是很重视的,会更加有工作的激情。当然,培训机会的公平也能强化教师的工作动机。如果教师得到了公平的培训、晋升机会,他们会觉得学校不但重视其自我发展,并且秉承了公平的原则,工作动机自然会被很好地激发;但是,如果教师迟迟得不到培训、晋升机会,他们则会认为,学校区别对待、不公平,其工作状态将会持续低迷。因此,学校在培训、晋升机会的分配上,只有本着"公平竞争,择优培训,择优晋升"的原则,使真正有能力、有潜能的教师获得应有的培训、晋升机会,才能有效激发他们的工作动机;另一方面,也只有根据教师的教学科研业绩对他们进行晋升激励,才能调动他们的工作积极性。总之,学校提供公平的培训、晋升机会能很好地激发教师的工作动机,尤其是能强化他们的自我实现动机。

（三）环境因素

1. 校园文化

奥齐(W.Ouchi)的文化人假设(Z 理论)认为,人的行为及价值选择由所处的文化决定,建立适合于组织发展的组织文化,可以提高员工对组织的认同感和归属感,改变人的态度和行为,从而获得管理的高效率和好效果。积极向上且与学校相匹配的校园文化可以产生一种向心力,能够把教师紧紧地凝聚在一起。教师认同学校的文化,则会产生一种归属感,并且在无形中接受学校文化的熏陶,使自身与校园文化越来越相适应。在这种情况下,教师会对工作有着更高的积极性,会以更高的热情投入到工作中。但是,如果教师对学校文化持抵触的态度,则不利于工作积极性的调动,而且任其发展可能导致教师与校园文化越来越背离,最终产生一系列矛盾。

2. 工作氛围

1924—1932 年,梅奥等人对美国芝加哥郊外西部电器公司所属的霍桑工厂进行了长达八年的研究,发现工人不是"经济人",而是"社会人",工人在工作中看重的并不是物质利益,而是与周围人的关系。根据个体对群体屈从、服从的理论,在工作过程中如果个体的成绩超过群体的整体水平,该个体将会受到排斥,从而会自行调整以确保与整个群体保持一致。因此,在工作过程中,个人的行为很大程度上受周围工作氛围的影响。在高校中,如果教师们都是工作动力十足、积极性很高,那么个别不那么积极的教师会感觉到由于自己的不积极而拖累群体的发展,便会奋起直追,直至与整个群体水平一致,从而更好地融入这个群体之中,因此,在这种氛围影响下会变得积极;相反,如果其他教师都是消极怠慢,个别教师即使一开始兴致很高,但是受到来自其他成员的影响,会感觉到自己的高积极性从某种程度来说损害了其他成员的利益,会遭到其他人的排挤,无法很好地融入群体生活中,因此会逐渐被同化而变得消极。因此,教师处在怎样一个工作氛围当中将在很大程度上影响其工作动机。

3. 工作压力

工作压力又称为职业压力或工作紧张,这是指由于工作或与工作有关的因素所引起的压力。工作压力的影响是一把双刃剑,如果学校给教师施加很大的压力,教师会在高压下变得情绪紧张,容易疲劳,久而久之自身的身心健康将受到影响,也就不会有很高的工作积极性。但是,如果学校使教师的压力太低或完全没有压力,教师则会没有挑战,没有需要克服的困难,没有需要开拓的新领域,没有提升能力的愿望,教师也就会丧失工作的动力。理想的压力应该是能够使人产生向上的动力。现在高校教师的工作压力普遍比较高,使教师高度紧张,身心疲惫,严重影响了他们的工作动机与积极性。

(四)管理因素

1. 参与管理程度

摩瑟和格伦(Moeser & Golen)将参与管理定义为"让员工参与影响自身发展的决策过程和思想"。他们还认为,参与管理可以让员工更好地完成任务。参与管理曾在德鲁斯公立学校以非正式形式执行了几年。参与管理的内容主要包括:教师参与预算制定过程、参加校园理事会,教师参与校级目标制订和各种顾问委员会。研究发现,教师参与程度的高低将直接影响教师的工作积极性。在学校管理中,教师参与管理,会产生一种主人翁意识,会感觉到自身受重视,感受到在这个组织中有着不容忽视的地位,从而更有可能以较高的热情投入到工作中。然而,如果教师参与管理程度低,则会对学校事务产生事不关己的态度,不再关注关心学校的发展,对自身的工作也有可能消极怠慢,而不会全身心地投入。本研究发现,高校教师的参与管理动机是比较强烈的,得分达到了 5.290 分,排在所有子动机的第三位。这也更加证明,学校能否给教师提供参与管理机会,对教师工作动机的影响比较大。

2. 人—职匹配

世上没有两片完全相同的叶子，也没有两个完全相同的人，每个人都有自己的特点，有自己与众不同的个性。只有把教师安排在适合他们特征的岗位上，实现人—职匹配，才能人尽其才，提高其工作满足度，也才能很好地激励教师，调动其工作积极性。例如，教师的能力存在类型、高低、发展速度等方面的差异，如果学校考虑到这些差异，把教师安排在适合其能力的岗位上，让他们从事与其能力匹配的工作，教师就会有工作的热情，也会把工作做好。教师的气质可以分为多血质、黏液质、胆汁质、抑郁质。不同气质的教师所适合从事的工作不一样，就比如多血质的教师很难静下心来搞科研，但是往往交际甚广，是与兄弟院校进行学术交流、与学生沟通的一把好手。教师的性格也是千差万别的，根据心理学的"大五"（适应性、外倾性、责任性、智力开放性、利他性）性格类型的理论，不同性格的教师所适合从事的工作同样也不一样。当然，教师个体往往是因为能力、气质、性格等的差异表现出个性或复杂性，这就要求学校管理者能够独具慧眼，在充分了解、把握教师个性的基础上，做好人—职匹配。教师则能在岗位上发挥自己的所长，他们会觉得自己的专长得到所用，并且他们会在工作中越来越顺手，因此，也会越来越有自信，把工作干得出色，这无疑会很好地激发他们的工作动机。若是学校把教师安排在一个不合适的岗位，分配不适合的任务，不但是资源浪费，无法达到资源最优化，而且从教师本身的角度来，做他们并不擅长的工作很难干得出色，在工作过程中产生的挫败感，将大大降低他们的积极性；或因做太容易的工作，而感到厌倦和没有挑战性，丧失工作热情，弱化工作动机。

第三节 激发和培养高校教师工作动机的对策

本研究结果显示，高校教师工作动机并不是很高，还有激发和培养的空间，那么究竟怎样最大限度地激发教师的工作动机呢？笔者认为，根据上一节的调查结果和影响因素分析，可以从教师个人的角度和学校（组织）的角度采取对策。

一、教师个人的角度

如人饮水，冷暖自知，教师个人作为工作的主体，在工作过程中自己积极性有多高应该是一清二楚的。如果感觉自己工作动机不强，对待工作缺乏积极性，教师应该从以下几方面来调整，确保自己处于高昂的工作状态。

（一）树立合理的工作价值观

工作价值观又称为职业价值观，是个体从事工作时，借以评断有关工作事物、行为或目标的持久性信念与标准。已有研究发现，教师的工作价值观愈趋于正向，教育态度会越积极，越能激发工作动机。正确的工作价值观能够引导教师的品德和行为更符合社会规范，不仅能引导教师对自己所从事的教学和科研工作有一个正确的认识，从而帮助其提高工作积极性，而且更有可能在正确的工作价值观指引下克服工作中遇到的困难，特别是在面对学术腐败等问题上，拥有正确价值观的教师会有更好的自制力；反之，教师的工作价值观趋于负向，对教育工作可能产生较消极的情感，无法很好地激发工作动机。那么教师该怎样树立趋于正向的工作价值观，从而达到更好地激发和培养自我工作动机的目的呢？

日本社会学家的四象限分类法有一定的参考意义，该分类法从时间和社会两个维度将人的价值观分为"快乐"的价值观、"情爱"的价值观、"功利"的价值观、"合理"的价值观，而这其中的"合理"的价值观是高校教师应该追寻的。合理的价值观是以未来和社会为依据的，力求使他人和社会的欲求长期地得到满足。具体到高校教师，树立这种合理的价值观能够让他们对工作有一个更加科学的定位，明白工作的意义所在，从而会在这种价值观的引导下更加积极地投入工作当中，达到激发和培养工作动机的目的。即使在工作过程中受到一些削弱工作动机的因素的影响，教师也能在正确价值观的引导下进行调整，绝不偏离工作轨道。换而言之，要激发和培养教师的工作动机，教师自身的工作价值观就是一个大的方向，如果跑错了方向，即使激发和培养的力度再大，效果也只会是南辕北辙。当然，正向合理的工作价值观的形成不是一朝一夕的，它受很多因素的影响，比如自身所受的教育、所处的环境等，它是一个潜移默化的过程。要树立这种正向合理的价值观从而确保工作动机的有效激发，教师首先应该对教师这一项职业有全面正确的认识，认识到教师必须有的价值取向是怎么样的，与自己进行对照；然后在工作、生活当中应该尽量与积极向上的个人和群体接触，正所谓"近朱者赤，近墨者黑"，积极向上的个人和群体会对教师工作价值观的形成和发展起到积极的作用；最后教师要学会定期自省，如果发现自己的工作价值观有所偏离，从而导致工作积极性滑坡，应该立刻予以总结和纠正。

（二）培养工作兴趣

要激发和培养教师的工作动机，培养工作兴趣是非常重要的，它能够起到事半功倍的效果。两家世界500强公司的创办者、现年78岁的稻盛和夫在总结工作法则时说过，要想拥有一个充实的人生，只有两种选择：一是"从事自己喜欢的工作"；二是

"让自己喜欢上工作"。一个人能够碰上自己喜欢的工作的概率恐怕不足万分之一。同样，并不是每位教师都对教师这份职业非常感兴趣，许多教师由于各种原因加入教师队伍，但自身并不喜欢，这很可能导致工作积极性不高。那么既然没办法从事自己喜欢的工作，教师就应该培养工作兴趣，让自己喜欢这份工作。兴趣是可以通过培养建立起来的，如果教师注重工作兴趣培养，发现、体验到工作的乐趣，从而使自己逐渐对教学科研工作产生稳定、持久的兴趣，必然有助于提高自己的工作积极性。

在本研究中，当问及教师"如果这项工作不是我的兴趣所在，我会选择放弃"时，不同背景因素的教师表现出了一定的差异，尤其是在学历这一背景因素下，该问题的结果达到了显著性差异（P<0.05），学历越高的教师越重视其工作兴趣，如果工作中找不到兴趣所在，他们的工作动机会被弱化。因此，学历较高如具有硕士或者博士学位的教师重点应该通过培养工作兴趣激发和培养工作动机，努力想办法找到工作与自己兴趣的结合点。第一步，应该通过各种途径了解本职业的意义，可以看一些关于教师的书籍和影视作品，比如《放牛班的春天》《蒙娜丽莎的微笑》《心灵访客》《吾爱吾师》等，或者可以去向一些老教师取经，让自己认识到这份工作的意义所在；第二步，应该经常与学生沟通交流，主要包括定期的学习交流和户外活动，也可以适当安排一些娱乐活动。教师教学的对象是学生，教师在与学生交流的过程中如能发现学生的可爱之处，在教学过程中会觉得更有动力，工作积极性自然就会上涨；第三步，贵在坚持，心理学上有一种说法叫作后意识，是说如果干一件你并不喜欢的事情，你认真且坚持一直干下去，干到一定的程度，你就会喜欢上它，这一原理同样适用教师，坚持认真地对待自己的工作，终究会喜欢上它。通过这一系列的方法，工作兴趣培养起来了，工作动机自然也会随之被有效激发和培养。

（三）提升工作能力

自我效能感理论认为，当个体确信自己有能力进行某一活动时，就会产生高度的自我效能感，并去实施该活动。教师要激发和培养工作动机，就必须提升自我效能感，而教师的自我效能感是以自己的能力为基础的。本研究结果证实了这种以工作能力为基础的自我效能感在教师心目中的重要性。在自我实现动机这一维度下，笔者设置了一道与工作能力相关的题目，"如果是与我自身能力不相称的工作，我会选择离职"，结果显示选择5分及以上的教师达到了71%，足以说明教师对自我工作能力的重视，这种工作能力将直接影响到他们的工作动机。因而，教师激发和培养工作动机，全面提升自己的工作能力是关键。教师提升工作能力主要是提升教学能力、科研能力、人际关系能力。

　　首先,提升教学能力。教师的主要工作是教学,教师的工作能力很大一部分体现在教学上。在笔者看来,教师提高自己的教学能力至少应该从三个方面着手:第一,必要的知识储备和更新。教师教书育人,把知识传递给学生,自身的知识储备是必要的,而社会瞬息万变,知识海量增长,不断更新,教师要储备和更新知识,经常性地阅读、学习、研究尤为重要,不仅要阅读、学习自己专业范围内的知识,而且要广泛涉猎其他领域,知识的丰富化是提升教学能力的基础;第二,教学经验的反思。自身教学经验的反思无疑是教师提高教学能力最方便最快捷的一种途径。反思意识人类自古有之,"吾日三省吾身"的至理名言提醒教师要有意识地认真反思自己的教学活动,反思的内容应涵盖教学内容、教学形式、教学方法、教学效果等多方面,认真思考什么是可行的,什么是不可行的,为什么可行或不可行以及如何改进,教学能力在这种反思中也会得到很快的成长;第三,与学生交流互动。教学是一个教学相长的过程,教师在教学过程中经常与学生进行及时的交流和互动,可以更加清楚地看到自己的教学知识和技能在实践中的效果,从反馈的效果,及时调整自己的教学。对于教学中的失误,有则改之,无则加勉,从而真正实现教学能力的提升。

　　其次,提升科研能力。新时期实施科教兴国的战略和建设创新型国家的新任务对高校教师的科研能力提出了更高的要求。科研成为教师工作不可缺少的一部分,提升科研能力成为教师提升工作能力的重要组成部分。教师提升自身的科研能力,应该做到:其一,保持信息的更新。教师应该把追踪学术前沿知识放在重要的位置,关注国际、国内本学科的最新成果,掌握学科发展的最新动向,保持信息的畅达和定期更新,只有这样,才有可能从中得到启发并找到适合自己研究的内容或课题;其二,勤于思考。科研工作是一个不断发现问题、解决问题的过程,教师在工作过程中要仔细观察,发现新的问题,要能够辅之以思考,这也是开展科研工作的必要条件;其三,做好攻关的准备,科研工作是一项极其艰苦的工作,教师需要能吃苦、敢挑战,顶得住压力,受得了寂寞,这就要求教师要做好攻克难关的准备;其四,开拓创新。科研工作需要有发现的眼光,教师应该在集纳他人思想和智慧的基础上,开拓新的思维方式,运用新的技术手段,提出新的思路或见解,最后寻找新的解决方案。

　　最后,提升人际交往能力。人际交往能力是保证教师卓有成效地履行工作职责且与他人进行沟通、协调的能力,是教师工作能力不容忽视的部分。要培养良好的人际交往能力,教师必须注重以下方面:第一是积极地关注,这是良好人际关系的第一步,学会关注他人,意味着对他人的重视;第二是尊重与信任,这是人际关系的基本前提;第三是善于倾听,这是人际交往的重要技能,善于倾听能够让他人更喜欢自己，同时也能让自己从他人的观点和建议中成长；第四是理解与共情，学会站在他人的角度来看问题，这种善解人意的品质是人际交往的精髓；第五是运用语言艺术，生动、幽默风趣、富于感染力的语言能够让教师在人际关系中游刃有余，这种艺术是人际交往最华美的外衣。除需具备这些基本的品质和技能外，笔者认为，不同工作年限的教师在培养自身人际交往能力时是有区别的。本研究发现，不同工作年限的教师其关系动机是不一样的，工作年限在 10 年以下的教师的得分远远低于 11～20 年和 21～30 年的教师。工作年限较短的教师处在人际关系的确立时期，这一期间可能会遇到一些人际冲突，要提升自己的人际交往能力，首先需要对自己的人际形象进行准确定位，然后需要经常向资历老的教师请教方式方法，再者，在人际交往过程中要保持谦虚谨慎的态度，避免人际冲突。而工作年限较长的教师则是处于人际关系的维护时期，这一时期要提高自己的人际交往能力，主要是进行反思，对自己在人际交往过程中的想法、行为、表现进行反思，能够帮助教师总结相关的经验，发现交往过程中的问题并及时予以纠正。

（四）设定合适的自我目标

目标设置理论认为，目标本身具有激励功能，能够把人的需要转变为一种动力，教师要激发自己的工作动机，需要为自己设定合适的目标，有目标才会有方向，才会有动力。设立合适的自我目标主要分为设立长期的自我目标和设立短期的自我目标。

首先，设定长期的自我目标。教师的长期目标通常可以反映在自己的职业生涯规划上，做好职业生涯规划，能够让自己有非常明确的方向。费斯勒（R.Fessler）将教师的职业生涯划分为职业前的准备阶段、引导与自我调试阶段、热心与成长阶段、生涯挫折阶段、稳定停滞阶段、生涯低落阶段、生涯引退阶段等八个阶段。根据这八个阶段的不同特性，教师应该对自己的工作作出规划，让自己能在目标的指引下，产生前进的动力。比如，在热心与成长阶段，教师的重点会放在为自己"充电"上，为自己设定这样一种目标，教师将会更加孜孜不倦地去培训、发展自己，可以是加强自己某方面的优势，也可以补自己的某块"短板"。在这个过程中可能会有很多的压力，也会遇到一些困难，但是有一个目标在鞭策、在鼓舞，教师会感觉更有动力，也会觉得一切很有价值。本研究结果显示，年轻教师的自我实现动机要比年长教师的更加强烈，不同年龄阶段的教师的自我实现动机差异达到了显著性水平（P<0.05），因此，作为有着更高自我实现动机的年轻教师应该更加重视长期目标的设定。在这种目标的推力作用下，他们的自我实现动机会被更大限度地激发，会更加积极努力地投入

到工作中。

其次,设定短期的自我目标。"不积跬步,无以至千里;不积小流,无以成江海",两千多年前的荀子就已经告诫我们做好每一件小事的重要性。同样的,一个大的目标总是由许多小目标组成的。教师设定一个个短期目标,能起到最直接的激励作用。短期目标往往是在某一时间段,教师根据自身的需要,在大目标的方向下所设定的。目标的期限可以是一个月、一个星期或者一天。举个很简单的例子,甲教师从早上开始工作,但是没有为今天设定目标,他会比较盲目,东瞧瞧,西看看,没有什么动力,一天就过去了;而乙教师一开始就给自己设定了一个目标,今天必须要完成些什么,他会感觉到来自目标的压力,同时也会产生一种动力,会很快地全身心投入工作,感觉整个人都被这种目标所激励,会有着更高的工作激情,工作效率也会提高。

还必须强调的是,教师不管是设立长期的自我目标还是设立短期的自我目标,一定要考虑与自己的能力、精力、时间及外界支持条件相匹配。量体裁衣,适合自己最重要。教师在设定目标的时候,既不能好高骛远,设置很难或根本不能实现的目标;也不能妄自菲薄,设置没有挑战性、轻而易举就能达到的目标。太高的目标,会让教师觉得遥不可及,无法发挥激励的功能,不会有争取实现目标的积极性;而太低的目标,唾手可得,教师也不会产生很高的积极性。合适的目标必须是在综合教师理想、意愿和自身能力等的基础上设定的。这样的目标在工作上就像一盏盏指路灯,让教师能清晰地看到方向,并且产生迈开步子的勇气,从而不断奋进。

二、学校组织的角度

教师工作动机的激发和培养需要教师主体发挥主观能动作用,但同时也离不开学校(组织)这种外力的作用。笔者认为,学校(组织)可以从以下几个方面来激发教师的工作动机。

(一)提供合理的薪酬待遇

本研究结果虽然显示高校教师生存动机并不强烈,但是生存需要作为教师的一种最基本的需要,物质的满足是最为基础的,也是激发教师工作动机切不可忽视的。笔者在上文中提到,过高和过低的薪酬都无法真正达到激励的目的,要激发教师的工作动机,学校必须提供一种相对合理的薪酬待遇,薪酬待遇通常包括基本工资、福利、绩效奖励、额外收入四部分,这四个部分应该予以区别对待,以确保薪酬待遇对工作动机的激发效果。

基本工资应坚持较高或适中原则。学校从成本的角度来看,不可能提供给教师很高的基本工资,但是这种基本工资也不能过低。教师作为知识分子,为获得教师职业前期有较多的教育投入,有着更加强烈的自尊心,他们会不自觉地拿自己的工资与其他行业进行比较,如果比较的结果是明显低于其他行业,他们会认为,他们前期的教育投入没有得到应有的回报,自己的这种职业没有得到社会、学校的足够重视,自尊心会受挫,从而会影响到工作积极性。因此,学校在确定基本工资时,应该充分理解教师前期教育投入多的特点,参照其他行业的工资标准,尽量在不让学校(组织)利益受损的前提下,给教师提供相对较高的基本工资,至少不能低于中等水平。

福利应最大限度予以保障。教师对福利是非常重视的,调查中当问及教师"如果缺乏各种福利,我将会考虑离开此项工作"时,84%的教师选择了4分及以上,说明绝大多数教师重视工作的福利,如果福利最大限度地予以保障,教师的工作动机也会被更大限度地激发。高校教师所享有的福利主要包括:作为公民享有的大众福利,如各种保障类福利;教师法赋予教师职业特有的福利,如享受带薪寒暑假、公费参加学术会议、出国进修等;政府根据教师个体的特殊贡献和优异表现而设置的特惠福利,如政府津贴、特殊岗位等;教师所在单位或者部门根据自身经济效益提供给教师的福利。高校作为教师工作的单位,应该保障教师的福利,应该提供给教师最人性化的福利,唯其如此,才能真正消除教师工作的后顾之忧,才能让教师轻松地投入到工作中,产生较高的工作积极性。学校给教师提供的福利,不应该仅限于钱的层面,而应该是一种全面的关怀。美国高校提供给教师的福利是让人比较向往的,美国高校在交通、税务、就医、购房、银行、保险等领域都为教师提供优惠或免费服务,而提供给教师的健康福利和八种福利假期更是充满人情味。就以病假来说,美国所有学校都为教师提供病假时的工资,这包括家庭成员生病时及参加直系亲属的葬礼,这类假期的期限是11天,而且可以把这种假期累加起来进行一次性的休假。这种做法是值得我国高校借鉴的,这种优厚的福利待遇,能够让教师感受到学校组织的关怀和重视,教师的工作积极性也自然会得到很大的提高。

绩效奖励应适当拉开差距。现阶段,高校的绩效奖励存在平均主义倾向,这种平均主义的实质是一种不公平,无法达到激发教师工作动机、调动教师工作积极性的目的。对于绩效奖励,学校应该设定档次,拉开一定的距离,用高额奖励鼓励贡献大、绩效高的教师,这样对于贡献大、绩效高的教师是一种肯定,对于还没得到这种奖励的教师则会产生一种引力,促使他们朝着这样的目标努力。对于表现不好的教师则应该扣除奖金,采取负强化的方式,在这一方面,日本高校的做法有一定的借鉴意义。日本高校对教师的奖金一年分两次,分别为6月和12月,奖金额是不固定的,视当年学校财源及实际情况经理事会讨论后决定。奖励的依据是计算出勤工时，对于违反工作规程而受处分者不给予发放，累计旷工一个月者或非因公而未完成规定工作量者，奖金也必须扣除。因此，高校只有把奖金真正拉开距离，奖该奖者，罚该罚者，才能让奖金真正激发教师的工作动机。

额外收入应得到鼓励。现阶段，高校教师的生存压力仍然是比较大的，学校提供的工资奖金也许并不能完全满足教师的物质需要。在这种情况下，高校应该鼓励教师的额外收入，尤其是对未婚教师更该如此，调查结果显示，未婚教师比已婚教师生存压力更大，婚前购房买车的两块大石压得他们喘不过气来，当被问及"如果工作中没有额外收入，我的工作热情会被削弱"时，已婚教师的平均得分为 4.36 分，而未婚教师的平均得分为 5 分，也就是说，未婚教师会比已婚教师更在意工作当中是否有额外收入，额外收入的获取能更好地激发他们的工作动机。因而，学校应该在不影响本职工作的前提下，给未婚教师提供更多获得额外收入的机会，比如说让他们参加一些有偿服务，在额外收入的吸引下，他们会以更高的热情投入到工作中。

（二）进行公开公平的绩效考评

现在的高校大多没有建构科学完善的考评体系，对高校教师教学、科研等业绩的考核也缺乏科学性、有效性，尤其是优秀等次的评定，存在着要么照顾个人，要么大家轮流坐庄的现象，没有体现公平，不能充分反映出真实的业绩，因此，也达不到激发教师工作动机的目的。笔者认为，公开公平的绩效考评是提高教师工作积极性的重要一环，这种公开公平的绩效考评需要从以下三个方面着手。

绩效考评程序要公开透明。从一定程度上说，高校中教师的竞争是一场没有硝烟的战争，教学质量的考评、学术科研成果的考评都关乎教师的物质奖励，尤其是关系到职称的评定，因此，考评程序的公开透明显得尤为重要。一方面，在考评过程中应该坚持公平的原则，杜绝走后门、造假等情况的发生，考核的结果应该跟个人的付出与努力成正比；另一方面，考核的程序应该是透明的，让每个教师都清楚地了解考核的程序，这样他们的知情权得到保障，自然对考评结果也就不会出现更多的怀疑，更不会因考评不合理、不公开、不公平、不公正而挫伤工作积极性。

绩效考评标准要完善。考评的另一个非常重要的方面则是考评标准，要选择一个相对公平的标准。事实上，一千个人心中有一千个哈姆雷特，同理，每个教师都会从自己的利益角度出发，受自身人生观、世界观和价值观的影响，在心里定下一个自认为公平的标准，所以，学校无法真正找到一个让每一位教师都非常满意的标准，能做的只有让这个标准让大家相对满意。一般来说，评价标准主要分为绝对标准和相对标准，绝对标准是以客观事实为依据，不以评价者或评价对象的个人意志为转移，也就是指工作结果，如出勤率、教学时数、学生成绩、发表论文的篇数等，是比较容易量化的标准。相对标准是指相互比较、比较抽象、不易量化、软性的评价标准，具有一定的模糊性、隐蔽性，需要经过认真的观察和必要的推断才能得出的结论，也就是指工作表现，比如工作是否敬业、态度是否认真、是否有责任心、是否关心集体等。制定评价标准时应该尽可能多地采用可以量化的标准，因为它具备高的针对性、可操作性和可靠性，更能体现公平。但是单纯定量的标准可能会造成一味地追求数量而忽视质量，从而造成学术泡沫和数字崇拜，因此，我们也应该适当地采用定性的标准，使定性与定量标准按一定的比例很好地相结合。

绩效考评主体应该多样化。人性丰富多样，教师的工作也有许多不同的方面，单一的上级评定很可能只是看到了教师某一方面的成绩，而往往忽略了其他方面，这样很容易挫伤教师的工作积极性，所以，在考评主体确定上，不应该由上级或者行政部门全权负责，而应该给一部分权重让教师互评，也适当让学生参与，还可以增加自我评价，这样才能更好地确保结果的准确、公平。以多元化的主体考评出来的结果才更能让教师信服，考评也才能在相对公平的氛围下起到应有的激励作用。

采用面谈考评法。面谈考评法是指教师与其上级就其工作绩效进行面谈，定出评价等级。在面谈过程中考评者要表现出对教师的关心和帮助，即时给予教师合适的考评反馈，尤其对一些绩效不佳的教师要给予建设性的批评。这样，不管考评结果如何，教师都会更加容易接受，他们会觉得学校对自己很关注，进而更加积极努力地投入下一阶段的工作。

（三）创造催人奋进的工作环境

人是环境的产物，环境对教师的工作会有很大的影响，要使教师保持一种高昂的工作状态，学校需要为教师营造催人奋进的工作环境，而要营造这种催人奋进的工作环境，学校必须既建设积极的校园文化，又营造良好的人际交往氛围，而且还要引入必要的竞争。

建设积极的校园文化。校园文化会对教师的行为产生深刻的影响，这种文化环境不仅具有导向和规范功能，而且能够起到一种激励作用。因此，高校应该注重校园文化的建设，努力营造出严谨的学风和良好的学术氛围。拥有自己独特组织文化的高校，能够产生一种向心力，让每一位教师都紧紧围绕在周围。要建设积极的校园文化，整顿校风是第一步，学校应该扎实开展师德教育，同时加强学生教育和管理，让刻苦学习、奋发向上、诚实守信、敢于创新成为学校的特色标志，建设和形成学校以育人为本、教师以敬业为乐、学生以成才为志的优良校风。要建设积极的校园文化，开展校园文化活动是第二步，学校需要精心设计和开展内容丰富的文化活动，把各种积极向上的、催人奋进的元素渗透到文化活动之中，使教师能够通过这些文化活动，思想感情得到熏陶、精神生活得到充实、道德境界得到升华，从而对学校产生一种更加深刻的眷恋，甘于为学校交付的工作而奉献。要建设积极的校园文化，开创新的载体是第三步，学校应该充分地发挥新媒体在文化建设中的作用，把校园网站发展成为建设校园文化的新阵地，通过校园网站进行宣传，并以此作为一个平台组织活动，把教师更加紧密地团结在周围。

营造良好的人际交往氛围。梅奥的"社会人"假设告诉我们，良好的人际交往环境能很好地调动人的工作积极性。身为知识分子的高校教师，对人际交往有着更强烈的需求。本研究发现，教师有着比较强烈的关系动机，非常重视人与人之间的交往。为此，高校应该为满足教师的关系需要创造一个平台，营造良好的人际交往环境。首先，应该促进教师之间的交往。笔者调查中当问及"如果工作中缺乏交谈和沟通的伙伴，我会消极对待工作"这一问题时，90%的教师选择了4分及以上，说明他们非常重视同事之间的关系。为促进教师与教师之间的交往，学校应该定期举行一些活动，让教师之间相互沟通了解，比如，一些学术研讨会、节日晚会、体育比赛以及户外旅游活动，通过这些活动教师之间能够互相鼓励、互相启发，从而达到共同奋进的目的；其次，师生关系是教师最为重视的，师生关系对教师的心理会产生重要的影响，良好的师生关系能够增强教师的教育效能感、心理稳定感，进而增强教师对教育事业的热爱感，以至于工作起来会更有动力。在"我认为良好的师生关系能够让我更加努力的工作"这一问题上，100%的教师选择了4分及以上，足见教师对师生关系的重视。师生关系直接影响其工作动机的强弱。为促进教师与学生之间的交往，学校需要为师生关系的协调推波助澜，可以搭建一些让教师和学生可以互相沟通、增进情谊的平台；可以举办一些师生共同参与的活动；鼓励并帮助成立一些由师生组成的非正式组织；另外，可以加强校园网络方面的建设，在网络上开设一些交流群；也可以鼓励师生微博互动等。通过这些具体的方式方法，拉近师生之间的距离，从而让教师能在融洽的师生关系下开展自己的工作。除同事和学生，教师还需要与社会各界人士打交道，其中也包括学生家长。面对千姿百态的群体，教师难免力不从心，因此，学校应该提供一定的支持与帮助。一方面要发挥桥梁的作用，帮助教师与社会群体的沟通，及时将各种信息反馈给教师；另一方面要做教师社交的坚强后盾，为教师提供各种设备、资源，让教师感受到一种依靠，增强教师在社交中的自信。总之,学校通过种种措施努力为教师营造良好的人际交往环境,能够满足教师对关系的需要,从而提高他们对工作的积极性。

引入必要的竞争。通常情况下,当一个组织的工作达到一种稳定的状态后,组织内部的员工往往会表现为"一团和气",不再相互激烈地竞争,在这种情况下员工的积极性会大大地降低。高校相对于企业有着更高的稳定性,教师的竞争意识比一般的企业员工会稍弱一些,而这恰恰不利于工作动机的激发。因此,高校需要引入必要的竞争。在管理学原理中的"鲶鱼效应"有一定的启发意义,"鲶鱼效应"中的沙丁鱼生性好静,在运输中因缺氧而存活率极低,而放入一条好动的鲶鱼后,整个沙丁鱼都表现出紧张继而加速游动,缺氧问题迎刃而解,存活率也就提高了。在高校的管理中,"鲶鱼型"人才是急需引进的。学校引进一些富有朝气的、思维敏捷的年轻教师,能够给那些"沙丁鱼型"的教师带来竞争的压力,从而激起他们的奋进求胜意识,教师会在这种压力下,更加努力地开展工作。当然,学校引进新型竞争型教师时,尽量不要损害到其他教师的利益;否则教师会觉得学校在排斥自己,非但工作积极性不会提高,反而会采取对抗或降低工作效率的方式来求得心理平衡。

(四)提供良好的培训和晋升空间

马斯洛的需要层次理论告诉我们,人都有自我实现的需要,教师作为接受过良好教育的知识分子则有着更加强烈的自我实现愿望,要激发教师的工作动机则需要满足教师的自我实现需要,因此,学校应该为教师提供良好的培训和晋升空间,以满足教师的自我实现需要。

提供学习和培训的机会。自我实现需要个人成长,个人成长离不开知识的更新和能力的提升,而知识的更新和能力的提升主要依靠学习,因此,学校必须为教师提供学习和培训的机会,从而达到激励的效果。对于年轻的教师和高学历的教师尤其如此。年轻的教师资历较浅,教学、科研经验不够丰富,学校应该为他们提供学习的机会,参加一些职业培训,可以是与教学、科研相关的,也可以是与教师个人全面发展相关的,比如,一些兴趣爱好的培训,这些都能侧面对工作起到一种推力作用;而对学历高的教师则应该尽可能多地给他们提供出国访学的机会,让他们能够了解世界不同的文化、学科发展的前沿,学习到一些先进的教学技术和前沿的教育思想,经过学习的孵化,产生蜕变,改变工作状态。当然,学校除了提供常规的职业培训和进修机会外,还需要寻找其他新的平台。美国各高校设立的教师学习社区(FLC)是值得我国高校参考和借鉴的。该社区是一个教师参与的、合作式的跨学科团体,教师在这一团体中能够相互学习,根据自己的需要,选择相应的培训内容,解决其在工作中特别是教学中遇到的问题。这样的一个学习平台能够有效改善教师的教学，加强教师间的沟通与合作，从而达到提高教师工作热情的目的。迈阿密大学的教师学习社区调查结果显示，98%的教师认为他们的教学热情得到了提高，92%的教师认为其教学学识得到了发展，94%的教师认为自己更具有反思性精神，90%的教师认为自己更具有信心，90%的教师认为自己更具有活力。由此可以看出，这种学习社区作为一种新型的学习和培训平台，对工作积极性的调动是大有裨益的。

提供职称晋升和职务晋升的机会。教师的晋升主要有职称晋升和职务晋升两种。高校教师的职称晋升可以说本身就是一种不错的激励。本研究结果显示，职称高的教师比职称低的教师工作动机更加强烈，教授的工作动机最高，因此，学校应该采取区别激励的方式，对于职称较低的教师，如助教和讲师，给予一定的帮助，让他们知道学校重视他们的发展，只要他们努力开展教学和科研工作，学校一定会给他们提供职称晋升的机会。而对于职称较高的教师，则应该拓展新的职称晋升方式，尤其是现阶段，高校内高职称教师膨胀，副教授、教授猛增，甚至出现了许多非常年轻的教授和副教授，这导致许多教师过早地达到了职称阶梯的最高点，也就意味着在以后数十年不再有职称晋升的激励，久而久之，这部分教师的工作积极性会受到严重影响，因此，拓展新的职称晋升方式迫在眉睫。笔者认为，学校在完成国家规定的职业阶梯后，可以根据学校发展的需要和管理的可能，设置一个平行的、与学术职称同等重要的、有序的、开放的专业能力阶梯，并与待遇相挂钩，这样高职称的教师又会很快地找到追求的目标，又会燃起晋升的动力。职务晋升是高校教师另一种非常重要的晋升途径，它主要是与权力挂钩的。人对权力有着天生的欲望，而职务的晋升恰恰能满足这种权力欲望。学校提供良好的职务晋升机会，能够满足教师的权力需要，从而有效激发他们对工作的热情。毋庸置疑，在提供晋升机会时，学校应该秉承公平公正的原则，确保职务的晋升与教师的贡献成正比，与能力成正比。另外，值得注意的是，应该尽可能多地给男教师提供更多的职务晋升机会，因为男教师的权力动机远远高于女教师。学校可以让男教师在原工作岗位上承担更多的工作和职责，使男教师获得心理上的成就感，意识到学校组织对他们价值的认可，然后对于表现出色者，学校给予合适的职务晋升，如此男教师的权力动机得到满足，定可极大地激发整体工作动机。

（五）实施必要的参与管理

麦格雷戈等人提出的"自动人"认为，要鼓励员工发挥积极性，必须采取适当的参与管理，也就是让员工在与他们自己相关的事务的决策上享有一定的发言权，提供机会满足他们的社会需要与自我实现的需要。学校要激发教师的工作动机，这种参与管理是不可缺少的。学校创造一种人人都参与的氛围，把教师吸纳到学校的管理行列，能够让教师有更多的机会了解学校的现状，获悉学校要达到的目标，从而以一种主人翁的态度主动承担工作责任，为学校的发展贡献自己的力量。总而言之，参与管理能够赋予教师一种主体感、被尊重感和成就感，能够起到很好的激励效果。具体来说，要贯彻参与管理，学校应该从三个方面着手：提供教师参与管理的条件、提高教师参与管理的意识、培养教师参与管理的能力。

提供教师参与管理的条件。许多时候教师会有一些自己的想法、意见，但是由于缺乏表达的渠道，这些想法和意见只能埋藏在心底，久而久之，他们的这种热情会被浇灭，工作积极性会受挫，因此，学校应该为教师参与管理提供条件。笔者认为，要为教师参与管理提供条件，学校应该要构建多样化的民主管理通道，建立定期或不定期的访谈制度，成立教师代理委员会。首先，学校要构建多样化的民主管理通道，让教师能够表达自己的想法，这种民主管理通道主要包括有意见箱、热线电话、领导博客、代表会议、专家研讨、参谋咨询等。这些通道的设置能促使教师参与到学校的管理工作中来，能鼓励教师为改进学校工作献计献策；其次，学校应该建立定期或不定期的访谈制度。学校领导和部门领导应该深入教师群体进行调查，征求意见并反馈工作结果，从而让教师有机会接触到管理者，能够面对面地表达自己的想法；同时在民主的氛围下，教师的积极性会得到提高；再次，学校应该成立教师代理委员会，并吸收在职的教师加入，应该努力把该委员会打造成为教师发现问题、提出问题、解决问题的基地，让他们以此为中介对学校的管理进行参与。通过这些渠道的设立，学校为教师的参与管理提供一个很好的平台，从而激励教师以一种主人翁的态度积极开展工作。

提高教师参与管理的意识。尽管参与管理能够起到激励作用，但是如果学校提供了参与管理的条件，而教师不愿意参与其中，那么也达不到预期的效果。从调查结果来看，教师的参与管理的动机并不是非常强烈，因此，为保证参与管理对工作动机的激发作用，学校应该提高教师参与管理的意识。只有教师从内心真诚地愿意参与到学校管理中，他们才会融入学校这个组织，贡献自己的力量。调查发现，职称越低的教师参与管理的动机越低，助教、讲师的参与意识比较薄弱。因此，在提高教师参与管理意识的过程中，对于原本参与意识比较强烈的教授和副教授，学校应该强化这种意识，尽可能多地给他们提供机会，表达自己。而对于意识比较薄弱的讲师和助教，学校应该给予教育引导，比如，定期开展一些活动，如茶话会、教育改革研讨会等,通过这些活动增加教师对学校的认同感,让他们体会到自己是学校不可缺少的一员,而自身的发展也是离不开学校的,因此必须参与其中,作出贡献。

培养教师参与管理的能力。教师要很好地参与到学校的管理中来,还有一个不可或缺的条件,那就是教师必须具备参与管理的能力,因此,学校必须培养教师的这种能力,才能达到激发和培养教师工作动机的目的。一方面,学校应该提供一些针对参与管理的培训,让教师能在这些培训当中熟知学校的管理政策、管理流程、管理方式方法,这是教师参与管理能力的基础;另一方面,管理能力并不是与生俱来的,需要进行实践锻炼,因此,学校需要给教师提供参与管理的实践机会,在一些管理事务上,可以采取轮班制的方式,让教师都有机会参与其中,获得锻炼的机会,从而增长参与管理的能力。通过理论和实践两方面的强化,教师的参与管理能力必然会得到提高,从而起到激发和培养教师工作动机的目的。

第 三 章　管理创新之高校教师—学校匹配

第一节　高校教师—学校匹配的理论

一、高校教师—学校匹配的定义和分类

（一）高校教师—学校匹配的定义

根据人—组织匹配是指人—组织某些方面的一致性和某些方面的互补性的定义，本研究认为，高校教师—学校匹配是指高校教师—学校某些方面的一致性和某些方面的互补性，前者是指高校教师的人格、价值观、目标、信仰、期望等与学校的文化、价值观、规范、目标、期望等的一致性；后者是指高校教师的需要、能力等与学校的供给、需求等是互补的，即学校（或高校教师）的需求（或需要）被高校教师（或学校）供给（或满足）。

（二）高校教师—学校匹配的分类

根据不同的分类标准，可以对高校教师—学校匹配作不同的分类。根据现有研究，可以分为一致匹配和互补匹配，其中，互补匹配主要可以分为需求—能力互补匹配和需要—供给互补匹配两类。

1. 高校教师—学校一致匹配

Muchinsky & Monahan 将人与组织匹配区分为一致（相似）匹配和互补匹配。人—组织一致匹配是指个人和组织具有同样的或相匹配的特点，具体表现为个体的基本特征（人格、价值观、目标及态度）与组织的基本特征（氛围、价值观、目标及规范）之间的一致性。根据这一定义，高校教师—学校一致匹配是指高校教师的人格、价值观、目标、态度、期望等与学校价值观、目标、办学理念、氛围、期望等的一致性或相似性。

2. 大学需求—教师能力互补匹配

Edwards 认为，在人与组织匹配的概念中，除一致（相似）匹配外，互补匹配可细

分为组织需求与个人能力匹配和个人需要与组织供给匹配。组织需求与个人能力匹配更多的是从组织角度出发,认为个体拥有组织所要求的能力时,匹配就发生了。换句话说,如果个体能力能很好地满足组织需求,则个人与组织之间便实现了匹配。同样,大学需求—教师能力互补匹配更多的是从个体的角度出发,认为高校教师个体拥有满足学校工作要求的能力时,高校教师与学校两者之间的匹配就产生了,这里教师的能力可以做广义理解,其中包括教师的知识、能力、责任感、敬业精神、工作投入、工作积极性等。

3. 高校教师需要—学校供给互补匹配

Edwards 认为,需要—供给匹配主要从组织的角度出发,认为只要组织能较好满足个体的需要、期望和偏好时,人—组织两者间的匹配就产生了。换句话说,当组织满足了个体的需要、意愿或偏好时,个人与组织之间就实现了匹配。相应地,高校教师需要—学校供给匹配主要从学校的角度出发,认为学校满足了教师个体的需要时,高校教师与学校就达成了匹配。这里教师的需要是多方面的需要,其中包括物理需要、精神需要、对学校的期望等。

二、高校教师—学校匹配的影响

为了研究高校教师—学校匹配对教师个人的影响,笔者在调查问卷中专门设计了调查题项,这些题项涉及高校教师—学校匹配对教师工作快乐、倦怠和烦恼、努力和投入、效率和业绩、满意和忠诚学校等五个方面。

就工作快乐而言,对"学校与我匹配使我工作十分快乐"这一题,有 19.5% 的教师选择"非常符合",66.8% 的教师选择了"符合",选择"非常符合"和"符合"的教师占 86.3%,还有 11.0% 的教师选择"较符合",均数为 4.02,超过了"符合"(4分),表明教师与学校匹配影响到教师的工作快乐或愉悦。由此可以推断,高校教师与学校匹配,使工作中的教师身心愉悦,充满激情,实现快乐工作。对教师来说,快乐工作也是他们的心理需要,特别是处于竞争激烈、外界期望偏高的情形下,高校教师更渴望能在教学、科研中寻求乐趣,体验快乐,有效缓解紧张情绪对工作造成的不利影响。倘若教师与学校匹配不适当甚至不匹配,必然会使工作中的教师毫无乐趣,视工作为苦差事,厌倦工作甚至逃避工作,产生严重的职业倦怠。

就工作倦怠和烦恼而言,对"学校与我匹配使我无工作倦怠和烦恼"这一题,选择"非常符合"和"符合"的教师分别为 21.9% 和 46.2%,合计达 68.1%,均数为 3.76,处在"符合"(4分)和"较符合"(3分)中间,稍靠近"符合",说明教师与学校的匹配减轻甚至消除了教师工作中的倦怠,并且促进他们化解了由于教学、科研等工作压力带来的烦恼。这也不难理解，假如教师与学校不很匹配甚或不匹配，必然会造成教师工作的诸多烦恼，难以应付未来工作挑战，对职业渐失信心和动力，萌发职业倦怠。

就工作努力和投入而言，对"学校与我匹配使我工作努力和投入"这一题，24.3%的教师选择了"非常符合"，55.5%的教师选择了"符合"，选择"符合"以上教师达79.8%，均数为3.92，十分接近"符合"（4分）。说明教师与学校匹配对于教师工作努力和投入产生了重要影响。也就是说，高校教师与学校整体上的匹配，激发了教师的工作动力，充分调动了他们的工作积极性，他们正是因为与学校匹配，才更愿意努力工作，为教学、科研等投入更多时间和精力，取得更大成就。因为在教师看来，自身工作投入不仅是对教育工作的最大回报，同时也有利于个人价值的实现。

就工作效率和绩效而言，对"学校与我匹配使我工作效率高和业绩好"这一题，有19.9%的教师选择"非常符合"，56.5%的教师选择"符合"，选"符合"以上教师累计达76.4%，还有23.3%的教师选择"较符合"，均数为3.96，几乎吻合"符合"，说明教师与学校匹配促使教师提高了工作效率，取得了更好的工作业绩。照此可以推断，只要高校教师与学校匹配，使教师从心理上对学校产生归属感，更加热爱本职工作，愿以更大的努力和热情投入工作，就会使他们不断地提高工作效率和业绩水平，有更理想的教学、科研、社会服务成就。

就满意度和忠诚度而言，对"我与学校匹配使我满意并愿意在学校工作"这一题，有33.2%的教师选择"非常符合"，51.4%的教师选择"符合"，选"符合"以上的教师占总数的84.6%，均数为4.31，超过了"符合"，这提示，高校教师与学校匹配极大地提升了教师对学校的满意度，提升了其对自身职业认同的信心。并且由于高校教师与学校匹配，对学校满意、已使他们从心理上认可、接受、喜欢学校，对学校产生感情依赖并愿意留在学校，为教育工作奉献青春；反之，若教师与学校不很匹配甚至不匹配，那么他们就不会满意学校，甚至对学校厌恶，也就不会留恋和忠诚于学校，不会在学校长期工作。

综上所述，高校教师与学校匹配对教师工作快乐、倦怠和烦恼、努力和投入、效率和业绩、满意度和对学校忠诚度影响的总平均数为3.99，说明影响程度较高，即高校教师与学校匹配对教师产生了影响。尽管这里没有具体调查和报告教师与学校匹配对学校教学、科研及人才培养质量和办学水平的影响，但教师是办学的主体，学校教学、科研及人才培养质量和办学水平是通过教师这一主体实现的，不难想象，教师与学校匹配对教师有这么大的影响，其必然会影响学校的教学、科研及人才培养质量和办学水平。与此同时,就高校教师与学校匹配对教师不同方面的影响而言,其影响程度由高到低依次是教师满意度和对学校忠诚度(4.31)、工作快乐(4.02)、效率和业绩(3.96)、努力与投入(3.92)、倦态与烦恼(3.76),提示教师与学校匹配尽管对教师行为等都有影响,但影响程度不一,对教师满意度和对学校忠诚度影响程度最高,对教师职业倦怠和烦恼的影响程度稍低些,教师与学校匹配使教师对学校满意,认可、接受、喜欢、忠诚学校,为在学校工作而自豪;相反教师与学校不很匹配甚至不匹配会使教师不满意学校,不忠诚于学校,选择离开学校。

三、高校教师—学校匹配的管理价值与理想状态

(一)高校教师—学校匹配的管理价值

在高校教师选择职业时的管理价值。高校教师在选择职业时要综合考虑自己的个性特点和供职的学校的特征。依据霍兰德(John Holland)提出的人格与工作适应性(Personality—job fit)的理论,高校教师在选择供职的大学时,要综合考虑自己的人格与从事的职业或工作的匹配,即要选择与自己的人格相匹配或相适应的职业或工作。高校教师—学校的匹配告诉教师在选择自己供职的学校时,要选择那些价值观、办学目标、理念、学校氛围等与自己的价值观、目标、人格等相似或一致的大学,要选择自己的需要既可以得到满足、个人的能力又符合大学需求或要求的学校。

在学校引进合适人才中的管理价值。找到合适的教师人才是大学人才引进的主要目的,但是对"合适"的定义和标准却差异很大,虽然有学历、科研成果等硬性指标,但是这些指标仅仅构成了人才进入的门槛,在达到硬性标准的人群中,仍然存在选择谁比较合适的问题。高校教师—学校匹配有助于高校做好人力资源规划和工作分析,全面、准确地界定合适的有助于大学制定选拔人才的科学程序和方法,在招聘信息设计和发布、资格审查、考试、面试和录用决策等环节上,防止主观随意,提高引进人才的科学性。

在学校科学评价人才引进的投资效益中的管理价值。为了增加引进人才的力度,除了学校声誉和发展前景的吸引外,一些学校,尤其是综合排名位次较低的学校,通过住房补贴、集资买房、科研启动费、安家费、职称待遇等物质手段,拿出专项资金用于人才引进,这些投资究竟会产生多大效益是难以衡量的。P—O匹配模式有助于大学建立引进人才的科学评价机制,将人才的实际贡献与大学的期望人才绩效进行比较,判断人才引进的投资收益情况。

在学校建立人才引进长效机制中的管理价值。人才引进的最终目的是留住人才,

并让人才发挥专业特长，为高校的教学工作、学科建设和科研作出贡献，做到这一点，光有物质条件的短暂刺激是不够的，还需要有吸引人才的精神文明。人才的作用发挥还需要专长以外的奉献意愿，这种意愿主要来自人才对大学发展目标、价值准则的认同，即P—O匹配，它有助于大学管理者重视人才的职业发展和潜能开发，用更具吸引力的学校人文氛围、良好声誉和发展空间，凝聚人心，汇聚教师人才，使高校教师心甘情愿为学校建设做贡献。

（二）高校教师—学校匹配的理想状态

笔者根据高校教师—学校匹配的定义、分类、影响及相关理论，结合对高校教师—学校匹配现状观察，认为高校教师—学校匹配的理想状态应体现在以下几个方面：一是高校教师个人与学校整体相似或一致，其中最主要的是组织价值观、个性、目标等与教师个人价值观、个性、目标等具有整体或部分的接近或相同；二是高校教师与学校整体优化匹配。一方面，高校教师在学校里必须满足特定工作和岗位的需要，比如搞教学科研的教师，要不断地丰富和提高自身知识学问以及教学科研能力。而对于从事行政管理岗位的教师，除了要具备一定的组织领导才能，还要掌握一定的处理人际关系的本领；另一方面，教师内在特质与学校基本特征整体优化，比如学校在对待教师个性、需求等方面理应注重差异化，不必过于求全责备作过高要求，只要其整体与学校匹配即可；三是高校教师与学校的双向匹配。比如，高校教师在知识学问、教学科研能力、责任感和奉献精神等方面主动适应学校要求。而学校要在教学科研任务分配、教师合理需求、发展机会、人文关怀等方面满足教师实际需要；四是高校教师与学校动态匹配。所谓动态匹配也就是高校教师与学校之间通过不断磨合，进行经常性的相互调整，注重两者匹配的发展性，也就是一方面高校教师要不断地审视自我发现不足，不断地调整自己不适应学校发展的方面；另一方面学校也要持续关注教师个体及群体发展中出现的新变化而采取有针对性的匹配措施。五是高校教师与学校适度匹配。所谓适度匹配也就是两者匹配不能超过一定的度，既不能过度匹配，因为过度匹配有可能造成人浮于事，效率下降的不良局面。但也不能忽略两者不很匹配甚至不匹配的消极因素，如果忽视这些消极因素任其发展就会影响教师工作积极性和满意度，甚至有可能造成教师频繁离职，从而影响教师队伍的稳定性。

四、高校教师—学校匹配的理论基础

（一）心理契约论

心理契约论是指雇佣双方对雇佣关系中彼此对对方应付出什么同时应得到什么的一种主观心理约定，约定的核心成分是雇佣双方内隐的不成文的相互责任。心理契约具有主观性、隐藏性、动态性和双向性四个特点，会随着时间的变化产生变化。良好的心理契约能够促进教师和学校的共同发展，心理契约的违背则会引起个体的不公平感觉，对组织产生愤怒和对抗情绪。在这种不良的情绪状态下，教师可能会向学校管理者、机构提出意见，申诉自己的不满而忽略自己的职责，破坏相关教学行为甚至产生退出行为，最终导致心理契约的结束。为了有效避免心理契约违背给教师和学校带来的严重影响，学校管理者应该采取一系列相应的有效措施，充分发挥心理契约对教师的激励作用。

Schneider 提出了著名的吸引—选择—磨合 A—S—A（Attraction—Selection—Attrition）模型，对人与组织环境匹配的形成机制进行解释。该理论认为，人受到相似于自身人格特征的组织的吸引，经过组织选择和自我选择而进入组织，经过组织社会化的历程，而产生留任或离职。A—S—A 模型强调的是个人目标和价值观符合组织创始人的价值观、目标及人格特质。

浙江大学王重鸣教授参考吸引—选择—磨合模型提出"吸引—选择—发展"模型，即 ASD（Attraction—Selection—Development）。该模型认为，在中国的文化背景下，组织更注重人员的发展，组织中的员工被组织吸引、选择，并使员工在组织中获得发展机会。

（二）价值一致性理论

工业和组织心理学家 Chatman、Kristof 提出价值一致性理论（value congruence）。该理论认为个体的价值体系是指个体所相信的对他们来说重要的信念，这些信念体系决定了他们的行为和所作出的决策。同样的，组织的价值体系也决定了组织的目标所必须遵循的规范、组织资源分配的方式以及组织中员工的行为方式。组织和个体的价值的一致性说明了个体价值认知和组织文化价值体系的一致性程度。

（三）工作适应理论

早期的工作适应理论源于美国约翰·霍普金斯大学心理学教授、心理学家霍兰德（John Holland，）的观点，霍兰德按职业把人们的人格分为六种类型，并描述了与这六种人格相适应的职业,进而提出了人格与工作适应性(Personality—job fit)的理论,具体而言,现实型的人适合有规则和需要技能的行业,研究型的人喜欢需要智力独立的工作,适合做科研人员;艺术型的人喜欢有想象力、创造性的工作;社会型的人适合需要社交的工作;企业型的人适合管理和销售类工作;传统型的人喜欢系统的有条理的工作。个人选择职业,要高度关注自己的人格类型。

后来,有学者进一步发展了这一理论,该理论认为,如果一个人的需要能在组织中很好地得到满足,那么他将对自己所从事的工作感到满意。

(四)需要—压力理论

Murray 的需要—压力理论。该理论认为,个体行为是内在需求和环境压力两者所交互作用的结果。这里的需要是指为个体行为提供方向和动力的组织倾向,压力是指支持或阻碍个体表达或满足需要的外部环境。

个人—环境匹配压力模型(person—environment fit stress)认为,当个体知觉到某些自身工作的因素如工作变迁或轮换时,就会产生压力感这种不舒服的身心感受。拉扎罗斯和弗克(Lazarus & Folkman,)认为,个体和环境变量导致一个人认知评价过程,这个过程会产生直接影响和随后的长期影响,个体变量包括价值观、信念和控制认知,环境变量包括包括需要、控制、威胁模糊性和急迫性,个体能力和环境事件间便会产生压力感。因此,个人和工作环境的匹配程度决定了经历的压力或紧张程度。

第二节 高校教师—学校匹配的现状

前文指出,高校教师—学校匹配可以分为一致匹配和互补匹配,其中互补匹配主要可分为需求—能力互补匹配和需要—供给互补匹配两类,现根据这种分类分别报告高校教师—学校匹配的现状。

一、高校教师—学校一致匹配的现状

对"学校的校风、氛围是我所期望的"这一题,选择"非常符合"和"符合"的教师分别为 6.5% 和 28.1%,43.5% 的教师选择"较符合",选较"符合"以上的教师占总数的 78.1%,均数为 3.11,处于"符合"与"较符合"之间,更接近"较符合",说明学校的校风、氛围并不完全是教师所期望的,即教师期望的校风、氛围与学校现实的校风、氛围不很一致,存在不很匹配的问题,这可能是学校校风、氛围还不够宜人,比如,学术民主、学术自由等风气或不够浓厚或没有形成，也可能是部分教师对学校校风、氛围怀有更高期望，致使两者落差较大。

对"学校教师晋升、评价、考核、评优制度是我期望的"这一题，有12.3%的教师选择"非常符合"，55.5%的教师选择"符合"，还有26.0%的教师选择"较符合"，选择"较符合"以上的教师高达93.8%，均数为3.71，处于"符合"与"较符合"之间，更接近"符合"，这意味着教师对学校晋升、考评等制度的期望与学校现有制度比较一致，他们对现有制度也比较赞同和认可，当然，教师对现有制度的期望与学校现有制度也只是比较一致，并非一致，更不是非常一致，提示学校教师晋升、评价、考核、评优等制度尽管有合理性和科学性，但也还存在一些问题。其原因或是晋升、评价、考核、评优的标准设计不合理、不科学，或是没有考虑到教师的差异性，或是教师晋升、评价、考核、评优难度较大，或是晋升、评价、考核、评优过程不很规范、公正、公平，或是教师对现有制度科学性、合理性有过高的期望。

对"学校管理教师的制度和措施等是我所期望的"这一题，有12.0%的教师选择"非常符合"，33.2%的教师选择"符合"，44.2%的教师选择"较符合"，选择"较符合"以上的教师占总数的89.4%，均数为3.44，居"较符合与符合"之间，表明目前的学校对教师管理的制度和措施比较符合教师的期望，即学校管理教师的制度和措施比较吻合教师的期望。同时也表明，学校管理教师的制度和措施并非完全与教师的期望一致或吻合，证明学校管理教师的制度和措施虽然总体比较适当，但也有一些不尽完善、适当之处，不能完全吻合教师期望，学校教师管理的工作取向性、僵化性、一致性、刚性等过多，员工取向性、灵活性、差异性、柔性等人性化管理过少可以说是重要原因。

对"学校与我对办学理念、学校定位等很多看法一致"这一题，有13.0%的教师选择"非常符合"，有12.7%的教师选择"符合"，34.2%的教师选择"较符合"，选择"较符合"以上的教师占总数的59.9%，均数为2.84，介于"不符合"和"较符合"之间，更接近"较符合"，这表明学校与教师对办学理念、学校定位等很多看法不很一致，这主要是因为，部分学校管理者把学校办成了行政性机构甚至官场，不是关注提升教学科研水平，而是盲目地扩大规模，向同质化（如综合性、研究型）大学发展，但是，教师期望并确信大学是学术组织和人才培养机构，必须坚持以教学科研为中心、教师为本，注重内涵发展，办出特色和水平。

对"学校整体目标与我个人目标不冲突"这一题，有29.5%的教师选择"非常符合"，61.3%的教师选择"符合"，选择"符合"以上的教师占总数的91.8%，均数为4.15，超过了"符合",提示学校整体目标与教师个人目标一致性较高,这可能是因为近些年学校强调了"参与式的目标设置",遵循设置目标时的教师参与原则,使设置的学校目标趋于科学合理,并被教师所认同,也可能是因为教师能根据学校目标设置了适合自己的个人目标。需要说明的是,从平均数可以看出,学校整体目标和教师个人目标并不是完全不相冲突,还较低程度地存在不一致,学校过分地关注工作任务完成、关注绩效目标实现而教师特别注重工作中的心理需求满足、发展、快乐可能导致了学校整体目标和教师个人目标的这种冲突,显然,教师和学校目标的些许不一致或冲突,必然会影响他们之间的合作性、协调性,既影响教师,又影响学校的绩效。

就高校教师—学校一致匹配的几个方面而言,教师与学校既有一致匹配,同时其一致匹配的程度不很高,还存在不匹配的问题,其五个方面的平均数为3.45。从平均数可以看出,一致匹配五个方面的程度不同,存在差异,由低到高依次是:教师和学校对学校办学理念和定位等看法的匹配(2.84),学校校风和氛围与教师期望的匹配(3.11),学校管理教师制度和措施与教师期望的匹配(3.44),学校教师晋升、评价、考核、评优制度和教师期望的匹配(3.71)、学校整体目标与教师个人目标的匹配(4.15)。

二、大学需求—教师能力互补匹配的现状

对"我的知识和学问与学校要求一致"这一题,13.7%的教师选择"非常符合",39.0%的教师选择了"符合",20.5%的教师选择"较符合",均数为3.30,居"较符合"和"符合"之间,偏近"较符合",这表明重点高校教师的知识和学问只是比较符合学校的要求,教师的知识、学问不是很丰富以及学校对教师知识和学问要求偏高导致这一比较匹配的现实,既提示伴随知识经济社会的到来和知识更新速度的加快,大学教育对教师的知识、学问提出了越来越高的要求,且教师工作是专业性工作,知识、学问起着重要作用,高校教师必须不断地丰富、加深自己的知识、学问,以满足学校教学、科研的需要,也提示学校对教师知识、学问的要求要适当,更要为教师丰富、加深自己的知识、学问提供机会,创造条件。

对"我的教学科研能力与学校要求一致"这一题,有18.2%的教师选择"非常符合",29.5%的教师选择"符合",19.9%的教师选择"较符合",做这三种选择的教师占总数的67.6%,均数为3.29,介于"较符合"和"符合"之间,更接近"较符合",同样说明重点高校教师的教学和科研能力只是比较吻合学校的要求,也就是说,他们的教学和科研能力,与学校要求尚有一定差距,这可能与教师教学科研实际能力和自我效能感偏低、自信心不足、创新压力偏大等因素有关,也与重点大学一直以来对教师

教学和科研能力要求过高有关，提示教师要不断地提高教学科研能力，努力达到学校的要求，学校务必要使对教师教学科研能力的要求尽可能与教师的实际相吻合，不要提出超出教师实际教学科研能力的要求。当然，教师和学校都要为教师发展、培养教学科研能力、提高工作成熟度而努力。

对"我投入教学科研的时间和精力与学校要求一致"这一题，46.9% 的教师选择"非常符合"，35.3% 的教师选择"符合"，选择这两项的教师占总数的 82.2%，均数为17，介于"符合"和"非常符合"之间，接近"符合"，如此多的教师选择"符合"和"非常符合"以及如此大的均数说明，重点高校教师主观感觉投入教学、科研时间和精力与学校要求趋于一致，这与高校教师上进心、敬业精神较强，工作较投入有关，也与学校对教师投入教学、科研时间及精力的要求比较适当，并对教师的投入比较满意有关。当然，教师也感到自己对教学、科研的时间和精力投入与学校的要求并非完全匹配，这提示学校对教师实际的关注度不够，提出了不切实际的、过高的要求。

对"我的工作努力和积极性与学校要求一致"这一题，选择"非常符合"的教师为 6.8%，选择"符合"的教师达 56.2%，选择"较符合"的教师为 6.5%，三者合计为69.5%，均数为 3.21，介于"较符合"和"符合"之间，更偏近"较符合"，这表明，重点高校教师的工作努力和积极性与学校要求只是比较一致，这可能是因为教师教学科研负荷过重、压力过大、教学科研效能感不高，导致教师的努力、积极性降低；也可能是因为学校对教师人性化管理过少、人文和情感关怀缺失、教师激励措施偏颇和激励强度低，挫伤了教师的工作动机，影响了他们的工作积极性；还可能是因为：教师认为自己工作努力和积极性所达到的程度与学校的期望程度存在差异或分歧。

对"我的责任感和奉献精神与学校要求一致"这一题，有 3.8% 的教师选择"非常符合"，31.2% 的教师选择"符合"，49.7% 的教师选择"较符合"，三者合计为 84.7%，均数为 3.20，居"较符合"与"符合"之间，更接近"较符合"，同样说明，重点高校教师的责任感和奉献精神与学校要求切合度不很高，只是比较吻合学校要求，我们推测，其主要原因是：部分教师受市场经济社会影响较大，功利思想比较严重，淡化了作为教师和学者的责任意识，作为学校工作者的奉献意识；学校管理一定程度缺失参与管理，教师作为办学主体的基本权利特别是学术管理的权力被剥夺了，从而消解了教师的主人翁意识、责任感和奉献精神；学校对教师责任感和奉献精神的提倡不够，鼓励不力，支持不多，也使有些教师放松、降低对自己的要求，不那么尽责和献身学校的事业。结合上述结果，重点高校教师的努力、积极性、责任感、奉献精神并不是符合、更不是完全符合学校要求，只是比较符合学校要求，即离学校要求还有一定距离,这就要求学校和教师都要高度重视和加强这方面的工作,提高教师的心理成熟度,使教师做到具有责任感、奉献精神和工作积极性,努力工作。

对"我与领导、同事、学生关系融洽"这一题,15.1%的教师选择"非常符合",26.4%的教师选择"符合",34.9%的教师选择"较符合",选择"较符合"以上的教师占总数的76.4%,均数为3.34,介于"符合"和"较符合"之间,接近"较符合",这既提示高校教师与领导、同事学生的关系比较融洽,也提示高校教师与领导、同事、学生的关系只是比较融洽,而不是融洽,更非十分融洽,也就是说教师的人际关系还不够融洽和和谐。我们推测,其可能的原因是:教师与学校各级领导者、管理者相互不理解,教师同事之间文人相轻和职责权利的竞争以及学术上的分歧,教师与学生间相互期望和要求上的不一致。

总之,就大学需求—教师能力互补匹配的几个方面而言,学校需求与教师能力(广义的能力主要包括知识和学问、教学和科研能力、时间和精力、工作努力和积极性、责任感和奉献精神、处理人际关系能力)是匹配的,即教师的能力满足了学校的要求,但匹配程度不是很高,即教师的能力只是部分满足了学校的要求,其六个方面的平均数为3.42。从平均数可以看出,大学需求—教师能力六个方面匹配的程度不同,存在差异,由低到高依次是:教师责任感和奉献精神与学校要求的匹配(3.20),教师工作努力和积极性与学校要求的匹配(3.21),教师教学科研能力与学校要求的匹配(3.29),教师知识和学问与学校要求的匹配(3.30),教师人际关系和谐与学校要求的匹配(3.34),教师投入教学科研时间和精力与学校要求的匹配(4.17)。

三、高校教师需要—学校供给互补匹配的现状

对"学校分配的教学、科研任务是我能够完成的"这一题,只有1.4%的教师选择了"非常符合",2.1%的教师选择了"符合",选择"不符合"和"非常不符合"的教师共计高达79.7%,且均数仅为1.96,处在"不符合"之下,这说明学校目前分配给教师的教学、科研任务并不切合实际,是他们力不所及的,以教师现有的能力、精力是不能完成学校分配的任务的,即使他们十分投入和努力,也恐怕难以完成学校分配的任务,这也不难理解为什么高校教师工作负荷如此重,工作压力如此大,可以设想,学校分配给教师的如此不切其实际能力的工作任务,必然会使部分教师产生严重的身心负担,影响其身心健康。在重点大学,这一问题更加严重,"被工作压垮了""忙"几乎在很多重点大学里成为教师的口头禅。有研究也发现教师的工作量比扩招前增加了几倍,有的高校教师周课时甚至超过20学时,年教学工作量竟在1000学时以上,很多教师体验到了巨大的身心压力。

对"学校给了我所期望的教学、科研自由和自主"这一题，27.1%的教师选择"非常符合"，38.4%的教师选择"符合"，还有21.2%的教师选择"较符合"，选择"较符合"以上的教师占总数的86.6%，且均数为3.39，介于"较符合"和"符合"之间，更为接近"较符合"，表明学校一定程度上给予了教师所期望的教学、科研自主与自由，教师的期望与学校的现实比较一致。但是，学校只是在一定程度地给予了教师所期望的教学和科研的自主和自由，学校所能给予的和教师期望的只是比较一致，而并非一致，更非完全一致。之所以有这样的结果，是因为：大学的根本属性是学术性，教学、科研是学术性工作，需要自主和自由，教师作为学者、知识型员工，自主和自由的需求特别强烈，期望在教学、科研等学术工作中享受自主和自由，这也为教师创新和满意工作所必需，但学校管理往往忽视了教师及其工作的特殊性，对教师的自主和自由做了过多的干预、控制、支配，从而限制约束了教师的自主和自由。

对"学校考虑我的个性、兴趣和喜好"这一题，有5.5%的教师选择"非常符合"，67.5%的教师选择"符合"，19.1%的教师选择"较符合"，三者合计占教师总数的92.1%，均数为3.69，处在"较符合"和"符合"之间，更接近"符合"，表明重点大学一定程度考虑了教师个性、兴趣和喜好，但并未完全考虑教师的个性、兴趣和喜好，提示学校工作安排、教师管理时并未充分重视教师个性、兴趣和喜好，没有达到人尽其才、人职良好匹配的理想境界，也提示高校教师个性较强、兴趣广泛和喜好多样，追求完美，但目前学校现有条件和发展水平一时难以兼顾到所有教师，满足他们的要求，导致教师感到发展空间相对较小，心理落差较大，难以展现自身个性，追求自己的兴趣和喜好。

对"学校重视并尽量满足我的需要"这一题，25.0%的教师选择"非常符合"，24.3%的教师选择"符合"，29.5%的教师选择"较符合"，均数为3.50，居"较符合"与"符合"正中间，表明重点大学尽管重视和满足了教师的需要，但只是一定程度上重视和满足了教师的需要，并没有高度重视和完全满足，其可能原因包括：学校对教师物质需要朴素性和精神需求突出性不很了解、重视不够、满足方式不当；部分教师的确存在一些不合理需要，使学校难以满足；教师满足需要的愿望强烈性和学校满足需要的能力有限性的矛盾。

对"学校关注我的情感并给予我人文关怀"这一题，有3.4%的教师选择"非常符合"，29.5%的教师选择"符合"，52.1%的教师选择"较符合"，均数为3.21，介于"较符合"和"符合"之间，更偏向"较符合"，说明重点大学只是比较关注教师的情感并给予人文关怀，也就是说，学校在给予教师情感关注及人文关怀等方面未达到理想的水平，还存在一定的问题。这主要是因为：一方面，学校管理者同其他管理者一样，的确更多地选择抓工作组织而非关心人的领导方式，对教师尊重、理解和支持等情感方面的关注不够，人文关怀偏少；另一方面，作为知识型员工的高校教师的心理、精神需要特别强烈和突出，他们不愿学校把他们视为实现学校目标的工具，更期望学校给予更多的情感关注和人文关怀。

对"学校给了我发展机会"这一题，有4.8%的教师选择"非常符合"，40.8%的教师选择"符合"，28.3%的教师选择"较符合"，三者合计为73.9%，均数为3.18，处于"较符合"和"符合"之间，更接近"较符合"，证实重点大学虽然给予了教师发展机会，但给予的机会仍然偏少，离教师的要求还有一定差距，他们并不很满意。学校对教师发展需要关注不够、给予发展机会的程序不公平和能力局限以及教师发展需求过于强烈。

对"学校给我的报酬是应给予的和我应得到的"这一题，高达51.4%的教师选择"非常符合"，34.6%的教师选择"符合"，选择"符合"以上的教师达86%，均数为4.28，介于"符合"和"非常符合"之间，接近"符合"，这既提示学校向教师给予了应给予的和教师应得到的报酬，满足了他们对报酬的需求，产生了公平感，也充分说明学校给予教师的报酬并不完全吻合教师对报酬的公平需求，也就是说，学校给予的报酬与学校所应能给予教师的报酬和教师应得到的报酬存在不完全匹配的问题，给予和获得报酬事实上的不相匹配以及学校在报酬给予上比较吝啬、教师在报酬获得上期望过高可能是这一分歧存在的主要原因。

对"学校为我发挥才能和特长、实现人生价值提供了平台"这一题，18.2%的教师选择"非常符合"，58.2%的教师选择"符合"，两者合计为76.4%，均数为3.91，处于"较符合"和"符合"之间，更接近"符合"，表明重点大学为教师发挥才能和特长、实现人生价值提供了平台，教师是满意的；当然，教师并非认为，学校完全满足了让其发挥才能和特长、实现人生价值的需求，也不是十分满意的。前者可能源于重点大学相对其他大学软硬件设施更加齐全，发展条件更好，社会地位更高，社会声望更好，为教师发挥才能和特长、实现人生价值搭建更好的平台，对教师岗位配置和工作任务安排合理，做到了人—职匹配，人尽其才；后者可能源于重点大学对教师才能和特长了解不够，把握不准，岗位配置和工作任务安排不很合理，偏离了人—职匹配和人尽其才。

对"学校公平公正对待我"这一题，26.0%的教师选择"非常符合"50.0%的教师选择"符合"，选择"符合"以上的教师达76%，且均数为3.99，近似于符合，说明学校公平公正地对待教师，使教师产生公平感、公正感，改革开放以来，伴随我国政治民主进程的加快和教师权利意识的增强，追求公平公正是个体心理需求这一原理已被大学管理者所认识，实行了民主管理，比较公平公正地对待教师，使教师们感到比较满意和欣慰。与此同时，研究结果也显示，学校并非完全公平公正对待教师，由于多方面的原因，无论是在教师晋升、评价、考核、评优上，还是教师的进修、发展机会上，或是工作任务分配、报酬给予上，都一定程度地存在不很公平公正的问题。

就高校教师需要—学校供给匹配的几个方面而言，教师需要（广义的教师需要包括：工作任务、自由自主、公平公正、个性、兴趣和喜好，需要，情感关注，发展机会，才能和特长，报酬）除工作任务与学校供给不匹配外，其他八个方面与学校供给是匹配的，即学校满足了教师的需要，但匹配程度不很高，仅部分满足了教师的需要，并且从平均数也可以看出，高校教师需要—学校供给八个方面匹配的程度不同，存在差异，由低到高依次是：教师发展机会与学校给予的匹配（3.18），教师情感需要和人文关怀需要与学校满足的匹配（3.21），学校给予教师的教学科研自由自主与教师期望匹配（3.39）教师需要与学校重视并满足的匹配（3.50），教师个性、兴趣和爱好与学校考虑的匹配（3.69），教师才能和特长与学校让其发挥的匹配（3.92），学校给予的公平公正与教师需要匹配（3.99）学校给予教师的报酬与教师知觉匹配（4.28）。

综上所述，重点高校高校教师—学校三类匹配（教师—学校一致匹配、学校需求—教师能力互补匹配、教师需要—学校供给互补匹配）的现状是较匹配，并不是匹配和完全匹配，即重点高校教师—学校匹配程度不是很高。

第三节　高校教师—学校匹配的策略

一、高校教师—学校一致匹配策略

（一）学校营造民主创新氛围

就前文分析来说，学校校风、氛围对于一所大学来说非常重要，好大学一定要有好的校风、氛围。这完全符合广大教师期望，有助于教师身心愉悦投入教学科研。营造好学校校风、氛围可尝试从以下方面入手：

首先，发挥校内学术机构作用，鼓励教师参与学校管理。建立校内学术组织，并有效地发挥学术组织机构的职能，提升学术组织机构在学校民主管理中的影响力。让教师在学术组织机构中拥有真正的发言权，进而提高其在管理学校事务中的地位，增强他们对学校重大决策的认同感。鉴于学术组织机构的建立可为学术权力有效运行保驾护航，克服大学内部行政化倾向，学校要重视建立学术组织，如学术委员会、教学委员会、学位评定委员会等。在建立这些组织的同时，既要发挥学术组织的职能，这正如《教育规划纲要》中所主张的"充分发挥学术委员会在学科建设、学术评价、学术发展中的重要作用。探索学术自由、教授治学的有效途径，充分发挥教授在教学、学术研究和学校管理中的作用"。又要鼓励一线教师积极地参加各种学术组织机构，以多样形式、多种渠道参与学校的重大决策与管理，满足其民主参与管理的需要和自我实现的需要。

其次，鼓励学术争鸣、沟通与交流，营造创新校风。追求真理是大学发展的永恒动力。只有鼓励学术争鸣才有可能辨明真理，发现真理。大学应当鼓励不同学术见解、不同学术流派争鸣，允许发表不同的学术见解和主张，正视学术发展的差异性和多元化。应当鼓励教师在学术批判中推陈出新，创新知识，体现出学术民主。除鼓励学术争鸣外，大学还要鼓励教师之间进行持续的学术沟通与交流，并为学术沟通和学术交流创设环境和创造条件，如创造有利于学术沟通的物质条件和设施，举办经常性的、专业性的学术会议，增加教师间的见面机会，通过学术间的沟通和交流，不同教师相互启发，相互借鉴、取长补短、发展学术，以满足教师创新的需要，发展的需要。

总之，学校积极营造教师期望的民主、创新氛围，既可以为学校民主管理和学术发展、创新创设条件，也可以满足教师参与管理、自我实现、创新、发展的需要。

（二）学校完善晋升考评制度

前文指出，教师期望中的与学校现实中的教师晋升考评并不完全一致，因此，完善晋升考评制度是广大教师期望之所在，同时也是学校改进教师管理的现实需要，学校完善晋升考评制度，可从以下方面付诸实践：

一要加强教师职称晋升的动态、人性化管理。首先，基于人性化考虑，增强职称晋升对教师的激励功能。教师职称晋升，是其教学科研等能力提升的重要标志。不能只异化为物质待遇的代名词。要尽力帮助每位教师尤其那些自感晋升无望的教师通过努力得到相应职称，得到合理待遇，也就是让职称晋升成为提升教师教学科研能力的助推器。其次，加强教师职称晋升后的动态评估、跟踪监督，采取必要的职称晋升管理措施，例如可尝试实行弹性晋升机制，一旦发现教师职称晋升后有"船到码头车到站"的迹象，先要与其沟通、交流，敦促其不断上进，若再有严重倾向的，可取消其相应职称，实行低聘，以维护职称的学术性、荣誉性、激励性及责任性。打破教师晋升的终身制,有效防止部分教师职称晋升后在教学、科研及社会服务等方面的种种不作为现象发生,促使教师始终保持积极的进取精神,正确的工作动机。

二要树立正确考评理念,形成科学考评体系。学校在设计教师考评制度时要树立正确考评理念.形成科学考评体系。教师考评要摒弃过去考评标准单一僵化,树立"人本"理念,明确考评根本目的在于促进教师职业发展,坚持考评标准动态差异化,比如可依据教师工作类型(科研类、教学类、科研教学类等)的不同 f 而采用有差异的考评标准。也可根据我国高校教师的实际情况,借鉴国外"创造性契约"考评的先进做法,依教师职业兴趣点的转移适时调整考评标准,注重考评内容的多元化。教师考评要全面,不仅要综合考虑教师教学科研任务的完成数量、程度,而且要考虑教师教学科研任务完成的质量和社会效益。教师考评要坚持数量和质量并重。不仅要考虑教师的教学科研成果,而且要把对学生服务、参与社会实践活动也考虑进来。对于那些专业背景复杂,教师劳动成果鉴定难的领域可多采用先进技术理论参与考评全过程,提升考评的水平和质量。教师考评要注重考评结果对教师职业发展的正确引导,鉴于目前我国高校教师考评对教师职业发展引导作用不强的实际情况。要通过建立发展性考评机制来增强教师考评对其今后职业发展的规划和引导,从而提升考评的效果。

（三）学校实施人性化管理

前文调查研究表明,学校现实的教师管理制度存在缺陷,与教师的期望有一定差距,要改变这种状况,学校必须实施人性化管理。

第一,树立教师人性化管理理念。人性化管理作为一种现代管理理念要比企业式的刚性管理更符合现实要求。其内涵是在研究人们心理和行为规律的基础上,采取非强制方式,在人们心目中产生一种潜在的说服力,从而把组织意志上升为人们自觉行动的一种管理形式。高校教师人性化管理的实质是强调以高校教师为中心,以教师的心理活动和行为规律为基础,采用非强制性的管理方式,依据学校的共同价值和文化精神氛围对教师管理,使教师自觉自愿地投入工作。由于大学是知识分子集中的地方,知识分子有其独特的人性特点,大学应依照教师知识分子的独特性进行人性化管理。而不是通过行政权威等刚性制度来管理高校教师。高校教师自尊心强,总是希望受到尊重而不是贬抑。心理学研究表明,尊重需要得不到满足人就会产生自卑、消极等不良情绪,产生与管理者相抵触甚至是对立的情绪。因而作为管理者要尊重和信任教师,关心和帮助教师,不去无端干涉教师专业领域内的工作,为教师营造一个舒畅的心理环境和宽松自主的工作环境,使教师全身心投入工作。其次,强化教师在学校管理中的主人翁地位，避免规章制度、奖惩规则等刚性管理对教师的约束、控制，尤其在学术事务管理中尊重教师的意见，反映教师的意志，让教师主动参与决策和制定各项规章制度的，为教师从被动管理走向主动参与管理提供条件和基础，最大限度发挥他们的积极性、主动性和创造性。

第二，为教师搭建实现自主管理的平台。教师期望自主和自由，期望自主管理，学校要了解教师自主和自由的心理．满足其自我实现的需要，满足其自我发展的需要，赋予教师以更多自主管理权。尤以学术科研方面，要给教师留有较大的自主管理空间，自由探索和研究，实现自我价值，实现其在自主管理的空间里，发挥聪明才智，展示个性特长、兴趣爱好的高层次心理需求。学校还要提倡以正面引导为主，多倡导少禁止，多鼓励少批评，多考虑教师的这种自主和自由需求，以满足教师教自主自我管理的欲望。

四、学校树立正确办学理念

就办学理念概念而言，是指办学者对学校办学思路与方略的高度概括，对大学理想的目标追求和对办学行为的理性认识，是办学思想的精髓，它决定着大学办学思路、发展前景，并将对广大师生的思想和行为产生指导作用。根据大学和教师在办学理念的看法上很不一致的问题，大学应该树立正确办学理念，坚持以教师为本，办出特色。

首先，坚持以教师为本理念。"教育大计，教师为本"。清华老校长梅贻琦先生曾讲过：大学者，非乃大楼之谓也，乃大师之谓也"。可见教师对大学发展的重要性。重点大学须始终保持求贤若渴的姿态，努力创造人才成长的环境和氛围，倾全力留住教师人才，以教师是"第一资源"的思想为指导，牢固树立教师为本的理念。认识到没有一流的教师也就不可能有一流的大学。教师为本理念对学校发展至关重要。教师是学校的支柱，教师肩挑教学科研重担，身负教书育人使命，关乎学校发展与前途，可见教师人才对大学发展的重要性。学校应重视并尊重教师对学校发展的价值，把教师看作是创造价值的资源而不是获取利益的工具，始终将教师放在核心的位置，把教师当作学校的主体，确立教师在学校发展中的主体地位，尊重教师的劳动、人格以及各项权益。满足教师合理的物质和精神需要，为教师参与学校管理发挥聪明才智创造有利条件和环境，其中包括建立健全各类学术组织机构。让教师通过学术组织参与学校建设发展。

其次注重特色办学理念。特色是一所大学区别于其他大学的个性化表现。特色办学既是学校生存发展的一种方式，又能充分体现出学校的发展优势。鉴于教师反对大学办学的同质化倾向,对学校办学有强烈的要求,重点大学应认识到,当今世界著名高等学府,多姿多样、各具特色,没有特色的大学很难有发展前途,为此,学校要审时度势,依据环境、文化背景、办学历史等造就适合自己风格和个性的大学,凸显办学特色,创办特色专业、特色学科,形成独特的人才培养方式,明确自身的定位,发挥自己的强项优势,突出特色,办出水平,以在高等教育激烈竞争中赢得有利地位。同时,注重特色办学还能得到教师对学校办学理念的认同,从更长远来看,可以吸引更多有专长的教师人才,发挥人才的聚集效应,进而提高学校的水平,真正办出特色。

二、大学需求—教师能力互补匹配策略

(一)教师提升知识和学问

调查研究分析表明,高校教师知识学问并不尽如人意,没有很好满足学校要求,为此,教师只有顺应知识经济时代发展的要求,不断地丰富知识学问,才可能满足学校的教学科研要求。

首先,要丰富知识学问。知识经济时代,对高校教师丰富知识学问提出了新的挑战。高校教师必须抓住各种机会,利用各种渠道,如通过学术交流、专职培训、业余进修等,主动丰富知识学问。要通过参与教学科研实践,提炼、总结知识学问,提高知识学问的水平,丰富知识学问。只有丰富知识学问,教师才可以满足科研的需要,满足教学的需要,满足学生的求知需要,更好地提高科学研究和培养人才的水平。此外,高校教师应始终立足于学科发展的最前沿,敏锐获取新信息,用当代最新的科学成果武装自己,满足教学科研创新对知识学问的新要求,适应知识经济时代对知识学问的要求。

其次,要不断优化自身知识学问结构。高校教师除了要学习和掌握、丰富和发展现代科技文化、知识学问外,还要针对知识学问背景单一且知识结构不合理、不完整的问题,在获取新知、丰富知识学问的同时,了解各学科知识之间的关系,力求做到知识学问多元、复合化,知识结构合理、完整化,努力成为复合型教师。只有具备雄厚扎实的知识学问根基,优化知识结构,使知识结构合理、完整,教师才能敏锐地把握本学科的发展动向,拓宽知识视野,为教学科研创新奠定知识学问根基。

再次,要主动丰富知识学问和优化知识学问结构。无论是丰富知识学问,还是优化知识学问结构,都需要教师发挥主动性,因此,高校教师从学校教学科研发展的要求和需要出发,从履行教师职责出发,积极主动地丰富知识学问和优化知识学问结

构,并将其落实在日常的教学科研中,唯有如此,才能真正地丰富知识学问和优化知识学问结构,满足学校教学科研的要求。

最后,要充分利用有利条件丰富知识学问和优化知识结构。学校为教学科研的需要,一般会为教师丰富教师知识学问和优化知识学问结构创造条件,如对教师丰富知识学问提出要求,适时调整教师的教学科研任务,大力缓解教师教学科研身心压力,便于教师丰富知识学问,教师要充分地利用学校的这些条件,如借助"学术休假制",及时更新、充实知识;借助进修和攻读学位,系统丰富知识学问,优化知识学问结构;适当要求减少教学科研任务,给自己丰富知识学问和优化知识学问结构,留出一定时间,等等。

(二)教师提高教学科研能力

根据重点高校教师的教学科研能力还未达到学校要求,学校对教师现有的教学科研能力不满意的现实,按照大学繁荣发展需要教师教学科研能力提高的要求,高校教师应提高教师教学科研能力。

第一,要提高教学能力。教学是教师的首要任务,教学能力是教师的基本功,因此,教师首先要提高教学能力。教师要掌握教学理论和教学技能,加强实践锻炼,不断地反思教学,努力研究教学,把握教学活动的规律。改进教学。要多与同事进行教学方法和经验的分享与交流,比如,通过听课、评课及教学观摩等活动,相互学习,相互借鉴,共同提高教学水平。对于成长中的年轻教师来说,努力向能力强、经验丰富的教师学习,并获得他们的帮扶、引领,提高教学能力,达到教学要求,逐渐成长为专家型教师。

第二,要提高科研能力。科研是教师的基本职责,是教学内容更新、充实、优化的前提,高校教师在提高教学能力的同时,要提高科研能力。平时要加强知识积累,也要注重知识学问创新能力的培养,注重培养科研技能和融化吸收最新理论成果的能力;及时获取不同学科的知识,为自己的科研生命输送新鲜血液。要注重科研实践,通过课题研究、学术探讨,在实战中培养自己的科研能力,特别是要追踪学科前沿的最新突破,研究学科前沿的最新命题,力争使科学研究处在学科前沿。要注重培养教学科研相互结合、彼此促进的能力,正确处理教学科研关系,在教学中培养自己的问题意识,分析、解决问题的能力,在科学研究中开展教学活动,教学出题,科研破解,以科研成果支持教学改革,以高质量的教学带动科研发展。

第三,要科学对待学校教学科研考核要求。高校教师提高教学科研能力要科学对待学校教学科研考核要求,要认识到,学校提出的教学科研考核要求可能存在超出教师的实际能力、使教师因难以达到标准或要求而备受打击，进而抑制教师教学科研潜能发挥的问题，在此情况下，教师一方面要对不合理的教学科研考核敢于说不，明确指出其不合理性，要求学校改革；另一方面要相信这些不合理的教学科研考核，如规定或要求，只是暂时的，会被废弃的；再一方面不要为不合理的教学科研考核所左右，根据学校教学科研需要，按教学规律和科研规律，兼顾教学科研，坚持教学科研结合，提高自己的教学科研能力。

（三）教师培养责任感与奉献精神

教育家陶行知先生曾非常经典地概括教师是"捧着一颗心来不带半棵草去，像蜡烛一样烧干了自己照亮了别人。"其实这句话讲的是教师责任感与奉献精神。由前文分析的教师责任感与奉献精神离学校要求还有一定差距的现实，高校教师必须增强责任与奉献意识。

首先要增强责任感与奉献意识。责任是分内应做之事，教师的责任感主要来自教师对教育价值及其对自己在教育中重要性的认识，教育不仅需要教师的知识学问和智慧，还需要教师的全身心投入，因此，特别需要教师的奉献，教师的奉献精神主要来自对教育工作的热爱。为了达到学校的要求，教师要增强责任感和奉献意识。一方面，要增强教学责任感与教学奉献意识，热爱科学，热爱教学，热爱学生，淡泊名利，无私奉献，认真教学，不断反思教学，研究教学，创新教学理念，优化教学内容，改进教学方法，把热情、知识、学问、才能等奉献给可爱的学生，增强课堂教学吸引；另一方面，教师要增强科研责任感和奉献意识。科研工作非同一般性工作，具有长期性、艰巨性等特点，教师要潜心科研工作，不怕吃苦，不畏艰难，不断探索，追求真理，推进科学发展，始终专注于科研而不为功利所诱惑，把自己的智慧、勇气、毅力等奉献给科研事业，取得高水平的科研成果，为学校的发展作出贡献；再一方面，教师要增强管理责任感和奉献意识。教师要视自己为学校的主人，增强主人翁意识，牢固树立"校荣我荣，校兴我兴"的责任感，关心学校发展，积极参与学校管理，为学校发展贡献才智，不管在教学科研还是其他工作中，都要尽职尽责，具备高度的责任感和奉献精神，把自己的一切贡献给学校。

其次，要进行责任感与奉献精神的自我教育。高校教师责任感和奉献意识的增强不是一蹴而就的，既需要学校的倡导，更需要教师的自我教育，自我培养。因此，高校教师在平时工作中要有意识地培养自己对学校教学科研及其他工作的责任、奉献意识，时刻警示自己，如若丢弃责任与奉献，就难以获得学校与社会的信任和尊重，无法享受到教育成功时的乐趣。从思想深处认识奉献教育事业，不仅是一种纯洁高尚的付出，更是一种自我升华的境界。通过自我教育，高校教师懂得，具有责任感和奉献意识，不只在口头上，而是落实在行动中，需要教师的亲历、修为，没有脚踏实地的工作、没有实实在在的努力，是谈不上具有责任感与奉献意识的。正是这种自我教育，使教师增强责任感和奉献意识成为自觉的行动。

（四）教师建立和谐人际关系

重点高校教师人际关系的现状使我们认识到，高校教师的人际关系极其重要，教师必须建立和谐人际关系。

首先，掌握人际关系技巧。无论从"人以群分，物以类聚"传统观点来看，还是从"社会人"现代理论来说，人都不能脱离社会，更不能离开自己所属的群体而孤立存在，因此，学会处理人际关系，保持与群体的和谐尤为重要。高校教师不仅要使自己成为搞教学、做科研的能手，而且也要使自己成为运用人际关系的高手。为此，高校教师首先要学会排除人际交往中的胆怯、畏惧、虚伪、抵触等消极因素，同时怀着大胆、真诚、宽容、合作的阳光心态，从了解人际关系的特点入手，通过对话和沟通，获得对方的理解和认可，获得对方的支持和情感关注。

其次，与领导建立和谐关系。与领导建立和谐关系可以调动教师工作积极性，使教师更主动自愿地投入工作。因此，一方面领导者要肯定教师的工作成就，增强教师对自身价值的认同。对教师所关心的问题作出及时、积极地反应，使教师获得满足感；另一方面要对教师民主并与教师合作，比如，领导能够让教师参与学校的决策管理并以民主的态度充分接纳教师的意见；再一方面，教师要主动与领导沟通交流，及时汇报自己的工作动态，提出自己的意见看法，争取领导对自己工作的理解与支持，从而保持与领导间的和谐、友好关系。

再次，与同事建立和谐关系。教师与同事建立和谐关系主要是建立相互支持的团队合作关系。大学里教学科研工作的完成，需要教师之间的集体合作，尤其是重大教学科研任务不是哪一个人的努力就能够实现的，必须得到其他教师的支持和协作，克服教学科研工作中的困难也需要其他教师的帮助，学校教学科研水平的提升离不开教师共同努力，因此，教师要与同事建立和谐的关系：努力做到互相尊重、取长补短，共同进步，宽容同事与自己观点上、个性上的差异，自觉纠正文人相轻的错误思想，妥善处理与同事间的物质利益、个人荣誉和地位的冲突，从同事那里得到帮助、支持、理解和关心。

第四，与学生建立和谐关系。良好的师生关系能营造一种宽松、和谐的人际氛围，使教师产生积极的心理反应，增加教师对工作的投入。教师要与学生建立和谐关系，与学生建立和谐关系主要是建立平等、友爱关系。这虽要做到学生尊敬爱戴教师，支持配合教师工作，但更要教师关心、爱护学生，关心学生的成长和进步，帮助和支持学生解决学习和发展中面临的困难，愿意拿出时间和精力与学生对话和沟通，并及时改正自己对待学生工作中的不足，以获取学生的尊重和理解，为了学生作出最大程度的努力。

三、高校教师需要—学校供给互补匹配策略

（一）学校分配适当教学科研任务

通过对问卷统计结果的分析后发现，学校分配给教师的教学科研任务不尽合理，教师深感教学科研任务重，身心负担大。为改变这种状况，当务之急学校应分配适当教学科研任务。

虽然高校教师是学术精英，是人们心目中的佼佼者。无论社会或学校都认为其精力充沛，智慧超群，能力过人，然而，其知识、能力、智慧、精力、能量、力量毕竟都有一定的限度，他们在繁重而艰难的教学科研任务面前，也有相对脆弱的一面，也有能力透支的时候。如果不顾教师身心负荷，不考虑教师实际承受力，不合理分配教师教学科研任务，使他们超负荷，必会起反作用，加重教师身心压力，不利于教师身心健康。因此，从关心、爱护教师的人道主义出发，学校在分配教学科研任务时，一方面，要切实考虑教师身心负荷，根据教师工作绩效灵活布置教学科研任务，比如，对于那些能力过人、绩效突出、表现优秀的青年教师，适当给其多分担难度大的教学科研任务，而对于那些扮演角色众多（既是行政领导又是教学科研骨干）、身心负荷较重的中年教师酌情缩减教学科研任务。或二者择其一，要么使其集中精力做管理，要么使其集中精力搞教学科研，变双肩挑为单肩挑；另一方面，学校要帮助教师提高工作能力，要帮助教师正确认知自己的精力和能量，理智地选择和承担与自身能力和精力相当的教学科研任务，不超负荷工作，不为功利驱使而过量承揽教学科研任务，比如，主动放弃一些工作时间长、工作能耗大，投入精力多的科研课题，同时学校酌情把这些课题分给能力高、精力充沛的教师，让负担重的教师把更多时间、精力放在主要的教学工作中来。这样既使教师感到做好了本职工作，完成了教学科研任务，体验成功的快乐，又感到其工作任务没有超出自己的能力，是自己能完成的，不会产生因没完成任务而导致的自责、自卑感，同时有利于教师的身心健康。

（二）学校给予教学科研自由自主

教学科研自由自主历来为学界所关注，高校教师非常希望能在宽松自由、自主的

氛围中开展教学科研,并且这也有利于高校教师充分施展才能,发挥创造力,但调查发现,教师所期望的教学科研自主和自由与学校给予教师的教学科研自主和自由并不完全匹配,因此,当前特别需要学校给予教师教学科研自主和自由。

第一,还高校教师教学科研自由自主权。一方面,在教学科研管理理念方面,学校应秉承我国古代书院管理自由自主性的优良传统。和西方大学学术自由的传统,给予教师教学科研自由自主的权利,扩大教师教学科研的自由自主空间,让教师自由自主地进行教学科研,以保证其教学科研活动充满活力、富于创新;另一方面,摆正学术组织、学术权力与行政组织、行政权力的位置,划清学术权力与行政权力的界限,正确处理学术权力与行政权力的关系,还学术权力给教师,还教学科研自由自主给教师,尊重并维护他们在教学科研中的发言权,让教师真正自由自主地进行教学科研发展,赋予教师对教学科研事务管理如科研规划、科研经费预算和审核、科研项目确定、学科建设、专业建设、课程建设、甚至学术带头人评选、教师职称评审等管理的具体权力。

第二,帮助高校教师更好地行使教学科研自主权。学校在还学术权力、自由自主权给教师的同时,要确立服务、服从意识,让行政权力服从于学术权力、自由自主权,并更好地为学术权力、自由自主权服务,为教师更好地行使学术权力、自由自主权创设条件,要帮助教师使其认识到行使教学科研自由自主权和学术权力、参与学术事务管理的价值和意义,组织教师积极参与教学科研事务管理,要善于使用手中的学术权力,提高学术管理水平。与此同时,在教学科研中,既要争取自由自主、学术权力,又要善于表现和行使自由自主、学术权力,有效抵制行政权力对教学科研自由自主的约束、控制及不合理干涉,彰显学术权力的权威性,制衡行政权力,以确保行政权力为教学科研开好路、服好务。

(三)学校充分考虑教师个性、兴趣和喜好

前文指出,大学存在未充分考虑教师个性、兴趣和喜好的问题,为此,要实现高校教师与学校的良好匹配,必须重视和充分考虑教师个性、兴趣和喜好。

首先,要注重教师个性、兴趣和喜好。教师的特点之一个性、兴趣和喜好多样化、差异化,非常希望学校按照他们的特点安排任务、岗位和工作,期望自己的个性、兴趣、喜好得到学校的尊重认可,学校要根据这一特点,为教师个性、兴趣和喜好发展留出足够空间,营造尊重个性、提倡个性发展的良好氛围,尤其是在岗位设置、任务安排方面要充分尊重和考虑教师个性、兴趣和喜好。也就是说,学校在教师岗位设置、教学科研任务安排、具体工作指派等方面,不仅要考虑岗位、任务、工作的重要程

度、难易，更要充分尊重教师个性、兴趣和喜好，做到科学设岗，合理配人，人—职匹配。把教师个性、兴趣、喜好同工作岗位、工作任务、具体工作的特点紧密结合起来，允许教师根据自己个性、兴趣和喜好创造性地展开工作。

其次，要为教师的个性、兴趣和喜好提供展示机会和舞台。教师个性、兴趣和喜好不仅要被尊重、认可和关注，还要得到有效展示，因此，学校在注重教师个性、兴趣及喜好的基础上，还要为教师的个性、兴趣和喜好展示提供机会和舞台，使其发展个性，充分表现兴趣和喜好，学校要创造条件，优化教师的工作、生活和学术环境，譬如大力改善教师教学科研条件，购置教学科研设备，加强学术硬环境，其中包括办公设施、实验设备、文献资料、科研经费、后勤保障等建设，以满足教师的好奇心、求知欲，发展教学科研的兴趣和爱好，要为个性、兴趣、喜好特殊的教师创造适合其发展的条件，要通过定期或不定期的学术沙龙，增加教师之间的沟通和交流，为教师展示个性和才华提供平台。

再次，要宽容、关爱教师。个性、兴趣和喜好多样化、差异化是不争的事实，重点大学应大度，宽容、关爱每一位教师，以欣赏、认可、尊重的眼光看待教师个性、兴趣及喜好多样化、差异化，在教师选择、任用、评价等过程中，增强包容性，对于个性各异、兴趣广泛的教师，特别是对那些个性怪癖、兴趣多样、喜好独特的教师不要另眼相待，视为异类，而应宽容，多些关爱和理解，允许他们有自己的个性、兴趣和喜好，让他们得到自由的发展。

（四）学校重视并满足教师合理需要

根据目前重点大学只是一定程度上满足了教师需要的现实以及需要是人对其内部环境和外部条件（自然的或社会的，物质的或精神的）的稳定要求的原理，学校应重视并满足教师合理需要。

首先，重视并满足教师物质需要。教师的物质需要和物质利益是其维持生存和发展的基本条件，同时也是教师个人其他方面发展的重要保障。重点大学的教师也不例外，他们有物质需要，尽管教师需要具有物质需要朴素性和精神需求突出性特点，但满足其物质需要、进行物质激励对于他们来说很重要。鉴于报酬激励是物质激励的重要手段之一，因此，首先要进行报酬激励，学校要通过正确评价教师教学、科研等工作成果，提供合理公平的薪酬、奖金、住房等报酬激励，以此来激发高校教师工作积极性。尤其对于那些经济收入相对较低的初中级职称教师，他们更渴望通过勤奋工作而得到更多的报酬以维持生存和发展，因而，报酬激励对他们来说就变得非常重要。因此，学校要设计科学、公平合理的报酬激励制度，以吸引和稳定教师，提高教师的工作满足度,激发教师的积极性和创造性。

其次,重视并满足教师精神需要。精神需要是高校教师较高层次的需求,高校教师作为学术精英分子,较之其他社会成员有着更高的精神境界和追求,即高校教师精神需要具有突出性的特点,为此,大学要更加重视并满足教师精神需要。例如,要满足教师自我实现的需要,为教师充分发挥自己的才能为教学科研等做贡献创造条件,实现自我价值,为追求不同发展目标的教师积极创造条件,帮助他们早日成功成才。要满足教师尊重的需要,尊重教师的创造及劳动,给予教师充分信任,多表扬、肯定教师,提高教师在专业领域的发言权、自主权,这种自尊需要一旦得到满足,他们工作起来就更有动力。要满足公平竞争的需要,学校通过为教师营造一个公平竞争的工作环境,最大限度地满足教师对公正公平的需要,使其感受到充分的公平正义,消解他们对不公平公正的不满和怨气,令其心平气和对待荣誉、利益分配。

再次,要引导教师需要。无论是物质需要还是精神需要,都有不很合理或合理,但学校现有条件满足不合理现实的可能性,为此,学校要对教师的不合理需要应该加以引导,使其逐渐转变为合理的需要,对因学校条件局限暂时难以满足的教师合理需要,学校要向教师说清理由,得到教师的体谅,防止因需要没被满足而给教师带来不满,造成工作满意度和积极性下降。

(五)学校关注教师情感加强人文关怀

高校教师是实实在在的人,并非单纯意义上的职业人,他们有自己的情感,有人文关怀的需要,因此,期望得到情感关注和人文关怀,但研究发现,学校只是一定程度地关注教师情感和给予人文关怀,离教师期望尚有一定差距,因此,要改变这种状况,学校要给予教师情感关注和人文关怀。

基于对教师了解给予情感关注和人文关怀。人文关怀是立足于人的尊严、独立、自由的个性,给人的生存和发展以关注,旨在提高人的生活质量,提升人生的意义和价值。高校教师不同于一般的知识分子,其精神境界高,追求完美,情感关注和人文关怀需要强烈,特别是获得尊重、追求学术自由、自我实现等情感关注和人文关怀需要突出。学校要基于对高校教师的研究、深入了解来实现对他们的情感关注和人文关怀。一方面,了解教师需要的类型和主导需要给予情感关注和人文关怀。了解教师需要的类型就是了解教师有哪些需要,学校要在对教师需要研究、分析的基础上,了解他们有哪些需要,其中又有哪些需要是其特别需要满足的需要即主导需要或优势需要,一般来说,教师期望有一定的物质生活条件和教学科研条件、获得尊重、追求学术自由、渴望能力得到施展和潜力得到发挥、企求自我实现等,学校管理者应该从这些方面了解教师的需要，明确他们的需要的类型和主导需要，使需要满足具有针对性，给予情感关注和人文关怀；另一方面，了解教师需要的强烈程度，给予情感关注和人文关怀。教师需要强烈程度影响教师的工作动机和行为，特别强烈的需要能激起教师强烈的工作动机，调动教师的工作积极性。学校要在对教师需要全面研究、深入分析的基础上，把握教师不同需要的强烈程度，满足需要按照由强到弱的顺序，给予情感关注和人文关怀，一般认为，获得人格尊重、劳动成果和贡献认可、追求自由、能力施展、个性张扬、潜能发挥等是教师最强烈的需要，学校应该首先从这些方面满足教师的需要，给予情感关注和人文关怀；再一方面，了解教师需要的差异，同时给予情感关注和人文关怀。

针对教师差异给予情感关注和人文关怀。高校教师存在个体和群体差异。因此，对高校教师的情感关注和人文关怀要注重差异性，对不同的教师群体采取有所侧重的情感关注和人文关怀。比如，科研型教师群体，对学术自由、兴趣偏好等方面的情感关注和人文关怀更为迫切，那么学校就要在学术自由方面赋予他们更多自由自主；而像管理型教师群体，对晋升发展、权力满足等方面的情感关注和人文关怀可能更为急切，那么学校在其晋升发展、权力分配方面就要正确引导，创造机会、合理满足。再如，性别不同的教师对情感关注和人文关怀的需求也是不同的，因此，也应采取有所区别的情感关注和人文关怀，比如，女教师可能需要更为细微的情感关注和人文关怀，而男教师尽管对此方面的要求并不明显，但更需要能力施展、个人发展，所以，学校要注重教师差异，恰到好处地对教师进行情感关注和人文关怀。

此外，学校要加强对教师情感关注和人文关怀方面的深入研究。学校在教师情感关注和人文关怀上方面，就方式方法、程度轻重、得体到位等方面都要进行研究和试点，然后加以推广，方能收到良好的效果。

（六）学校提供教师发展机会

从第三章现状考察、第四章原因分析中可以看出，教师期望有更多发展机会，但学校在提供发展机会方面存在一些问题，为此，学校应尽力解决这些问题，为教师提供好发展机会。

首先，提供足够的教师发展机会。提供足够的发展机会首先要保证发展机会的完善性，发展机会的完善性是指为教师发展提供完善的机会，以保障教师发展，但在前文4.3.6中提出学校提供给教师的发展条件不先进，发展环境不优越，培养选拔机制也未完全建立和形成，从而导致教师发展机会的有限性。为改变这种局面，增加教师发展机会，学校应努力为教师发展提供优良的条件，创造更优越的发展环境，建立和完善培养选拔机制。例如，提供教师科研能力发展的机会，提供必要的科研经费、先进的实验条件、精密仪器设备和科研环境，鼓励教师投身科研，满足教师求知、探索、创新的需要，提高教师的科研水平。提供教师教学能力发展的机会，通过培训教师、教学指导、提供教学研究条件、鼓励教师教学发展等途径，培养教师的教学能力，促进教师的教学专业化，满足教师在教学上追求卓越、履行人才培养责任的需要。

其次，提供公平的教师发展机会。追求公平是人们的普遍心理，高校教师也不例外，因此，促进高校教师需要—学校供给的匹配，学校在提供发展机会方面要提供教师公平的发展机会，学校要做到一视同仁，不偏不倚。例如，在促成教师发展的条件上要努力做到对文科和理工科教师科研经费支持力度、硬件投入方面，适度向文科教师倾斜，缩小两者日益拉大的差距。对教师培训、进修以及出国留学深造等发展机会方面，要做到不论资历、不论性别、不论学科专业，同等对待。让教师感觉到学校在给予教师发展机会方面是公平的，从而保证教师工作的热情和积极性。

再次，提供恰当的教师发展机会。学校应认真对待教师发展问题，采取恰当措施，激发教师发展动机，助推教师发展。重视教师发展动机的强烈性、差异性、自主性。避免对教师发展的不当干预。根据教师发展需求多样的实际情况，对教师发展不做统一性要求，提高教师发展的自由自主性。但在对待教师发展问题上，学校也不能消极作为，而是要多措并举采取有针对性的措施，为教师发展搭建平台。比如，为教师发展提供良好的条件，创造优越的环境，增加教师发展机会。但毕竟学校所采取的助推教师发展的种种对策，只是外部动力，需结合教师发展的内部动力，即教师自身因素，才能达到帮助教师发展的目的。

第四章　管理创新之高校凝聚力

第一节　高校凝聚力的理论

要研究高校凝聚力,首先应该对高校凝聚力进行理论阐述,本节从增强高校凝聚力角度出发,从高校凝聚力的内涵、类型、特征、价值、影响因素等方面进行论述。

一、高校凝聚力的内涵、类型与特征

(一)高校凝聚力内涵

群体凝聚力指群体对其成员的吸引力和群体成员之间的吸引力以及群体成员对群体的满意程度,本研究中,根据这一定义,我们认为,高校凝聚力指高校对教师的吸引力、教师对高校的满意程度与向心力、教师之间及教师与其他学校成员之间的相互吸引力或接纳程度。

首先,高校凝聚力是学校对教师个体的吸引力。具体表现为教师非但不愿意离开学校,反而被学校所吸引,热爱学校。从内部因素考虑,学校对教师个体的这种吸引力主要取决于高校的共同目标和工作吸引力、组织结构、管理制度、校园文化、管理者和人际关系;从外部因素考虑,主要源于社会对高校教师所从事的教育教学工作的认可和支持。

其次,高校凝聚力是教师个体对学校的满意程度和向心力。这种教师个体对学校的满意和向心力表现为教师对学校及学校工作不仅没有不满与怨气,而且产生了发自内心的认同感和自豪感,它在一定程度上奠基于学校对教师的吸引力,并使教师个体对学校拥有热爱之情,对岗位抱有敬业之意,对工作奋发有为,对学校生存与发展高度关注。

再次,高校凝聚力是教师之间及教师与其他学校成员之间的相互吸引力或接纳程度。这种相互吸引力或接纳程度主要建立在教师之间及教师与其他学校成员之间融洽、和谐的人际关系之上,表现为教师与教师之间取长补短、共同发展的关系,教师与管理者之间的理解支持、相互信任的关系,教师与职工之间彼此尊重、相互合作

的关系，教师与学生之间尊师爱生、教学相长的关系，这种和谐、融洽的人际关系能促使教师们更好地完成工作任务，因而，更有利于学校的发展。

（二）高校凝聚力类型

扎克兴罗（Zaccaro）和他的同事将凝聚力分为任务凝聚力（taskcohesion）和人际凝聚力（interpersonal cohesion）。前者指由于成员对群体任务的喜好或责任感或由于群体能够帮助其成员实现其重要目标和满足其重要期望而产生的凝聚力，主要源于群体的工作目标和群体所提供的工作激励；后者指群体因人际关系良好而产生的对成员的吸引力，产生于群体成员的归属感和成员间的相互喜欢。特则纳（Tziner，）也做了类似但名称不同的区分，他将凝聚力分为工具凝聚力（instru—mental cohesion）和社会情感凝聚力（socioemotional cohesion）。前者指基于任务、目标的凝聚力，其产生的基础是群体成员在共同实现目标和完成任务的过程中所必须具备的信任和合作行为；后者指建立在社会情感或情绪基础之上的凝聚力，其产生与成员参与群体决策和从群体获得情感满足有关。按照这种理论，我们认为，高校凝聚力也可以分为任务凝聚力和人际凝聚力，任务凝聚力是指由于高校教师对学校教学、科研、社会服务等工作任务的热爱、喜好或责任感或由于高校能够帮助教师实现其重要目标和满足其重要期望而产生的凝聚力，主要源于高校的工作目标和高校所提供的工作激励；人际凝聚力是指高校因教师与教师、教师与管理者、教师与职工、教师与学生之间的人际关系良好而产生的对教师的吸引力，奠基于高校教师的归属感和教师之间及教师与其他学校成员之间的相互认同、接纳、喜欢、关心、支持等。据此，高校凝聚力建设应有效避免只重视任务凝聚力建设而忽视人际凝聚力建设的问题，要同等关注和加强这两种凝聚力建设。

（三）高校凝聚力特征

高校凝聚力具有动态变化性、动力性和多维性的特征。

高校凝聚力的动态变化性是指高校凝聚力会随着影响高校凝聚力因素的变化而变化。这是因为，影响高校凝聚力的因素不是静态不变的，而是发展变化的，这些因素的变化必然会使高校教师先前对这些因素的认知或感受发生改变，继而使学校对他们的吸引力、他们对学校的满意度与向心力以及他们相互之间的吸引力出现变化，从而影响高校的凝聚力。例如，若学校的组织结构发生改变，新的组织结构设计不能做到量才而用，难以满足教师发展的需要，那么教师对先前组织结构满意的认知就会发生改变，对新的组织结构设计不满，导致他们对学校的向心力减弱，从而降低学校凝聚力。

高校凝聚力的动力性是指高校凝聚力会对高校教师的行为产生影响进而决定学校的绩效。群体动力心理学家勒温通过研究发现，群体的凝聚力能给群体成员的行为以动力，引发、维持并调节群体成员的行为，对群体成员的行为产生直接影响，并通过群体成员的行为而影响群体的绩效或群体目标的实现程度。凝聚力强的群体，成员之间表现为相互合作、友好、相互鼓励和支持等，成员的工作积极性高；而在凝聚力弱的群体中，成员之间相互指责、批评，推诿责任，工作不努力。同理，在高校中，凝聚力的高低也会对教师的行为产生直接影响。凝聚力高，则教师围绕学校的办学目标和中心工作，同心协力，积极主动地开展工作，他们遇到矛盾能主动地相互沟通，达成一致，彼此之间也愿意承担更多的责任；反之，凝聚力低，那么学校人心涣散，工作缺乏积极性，教师不愿意承担责任，出现问题时相互推诿，严重的将直接导致教师讨厌工作甚至离职。

高校凝聚力的多维性是指形成高校凝聚力的因素是多方面的。前面指出，国外学者认为，凝聚力可分为工作凝聚力或任务凝聚力与人际凝聚力或关系凝聚力，高校凝聚力也可分为工作凝聚力或任务凝聚力与人际凝聚力或关系凝聚力，因此，在我们看来，高校凝聚力有的是因为高校能够帮助教师实现自己重要的目标和满足自己重要的期望而产生的凝聚力；有的来源于教师之间及教师与其他学校成员之间良好的人际关系而产生的对成员的吸引力；有的是因为高校工作本身的乐趣、发展性和挑战性等能使教师喜欢、热爱学校工作而使其产生对学校的向心力；有的是因为高校提供的良好教学、科研条件能使教师具备工作成就感而产生的对学校的向心力；等等。当然，高校凝聚力不可能是单一因素的产物，而是多种因素共同作用于教师后而产生的积极结果。

二、高校凝聚力的价值

（一）高校凝聚力为高校生存和发展所必需

一方面，就国内而言，为了适应高等教育规模扩展和质量提高的需要，我国高等教育走多样化求发展、质量立足和特色兴校的发展道路，高校之间的竞争日益激烈。高校为了在这种竞争中生存和发展，必须提升学校的人才培养质量和办学水平，而要实现这个目标，需要教师团结一致，努力工作，即需要教师的凝聚力；另一方面，近年来，境外高校也盯上了中国的教育市场。国外高校通过提供较为优质的教育服务，吸引我国的优秀生源到国外就学。如近年不少国外的教育机构热衷于到我国举办教育展，宣传其优势，吸引我国优秀生源到国外留学。与此同时，国外跨国公司和教育机构还会利用先进的网络教育，以网络大学的形式争夺我国生源。中外合资的教育机构或外企独资的教育机构实行人才本土化战略，从我国高校中挖走人才，争夺优秀教师、专家、学者。为了能在激烈的市场竞争中站稳脚跟，高校凝聚力就显得十分重要。因为，高校间的这种激烈的竞争，说到底是人才的竞争，是教师资源和学生资源的竞争。教师作为学校教育教学的重要力量，其精神状态往往起到至关重要的作用。这种精神状态要求是团结拼搏的状态，自强不息的状态，人心思齐、人心思进的状态，也就是具有强大凝聚力的状态。因此，为了高校的生存和发展，高校管理者必须关注、关心、激励、支持教师，增强学校的凝聚力，把教师团结起来，通过他们献身教学、科研及其他工作，使学校在竞争中生存，在竞争中发展。

（二）高校凝聚力是教师合作的基础

高校教师的人际关系非常复杂，教师们不仅年龄跨度大、个性鲜明，而且价值观念多元化，如有的教师重科学，人际关系多受理论兴趣的调节；有的教师重伦理，人际关系多受道德倾向的调节；有的教师重文化，人际关系多受文化倾向的调节；有的教师重信仰，人际关系多受理想和信念的调节；有的教师重职责或工作，人际关系多受工作态度与效率的调节；等等。并且作为知识分子的高校教师，部分还有"文人相轻"的思想，在教师间的人际关系中具体表现为彼此冷淡、不合作、不服气、相互排斥等。这种复杂的人际关系不利于高校教师之间的合作和交流。然而，在高等学校，不仅教师在提高工作绩效和实现组织目标时需要合作、相互支持和帮助；而且在专业或课程教学中，也需要教师交流教学心得，共同开展教学研究与反思，提高教学学术水平；在科学研究中，合作更是不可缺少，特别是随着科学技术发展的综合化、一体化趋势，更需要教师联合攻关、共同奋斗。因此，高校顺利开展各项工作需要教师具备合作意识。合作意识是个人希望和他人在一起建立合作、友好关系的一种心理倾向。高校教师要提高合作意识、进行友好合作的最好途径就是要增强高校的凝聚力。这是因为，前面论及，高校凝聚力的一个主要成分是教师之间的相互接纳程度或亲和力，这种亲和力能够减少甚至消除因人际关系的复杂性而造成的各种冲突，是教师合作的基础。不难理解，凝聚力高的高校，教师之间亲和力强，人际关系融洽，沟通及时，矛盾或冲突少，产生强烈的合作意愿和较强的协调能力，提高彼此间的工作配合度，行动一致，紧密合作，共同实现学校目标。

（三）高校凝聚力促使教师产生归属感、自豪感、责任感和工作积极性

首先，高校凝聚力促使教师产生归属感。每个人都具有归属于一定群体的社会需要，希望自己成为群体中的一员，和他人保持有意义的联系，并能得到群体的认同、接纳、关心和帮助。教师对学校的归属感，就是教师将自己在社会中的位置定位在所处的学校，认识到自己是学校的一份子和学校对自己的重要性，使自己各层次需求得以满足，将自己的命运与学校紧密联系起来。如果高校能够满足教师工作、生活、娱乐等方面的需求，为教师的发展创设良好的校园物质环境和积极向上的校园精神环境，为教师的成长、自我价值的实现提供条件，那么，教师就会有强烈的归属感，就会愿意在高校与其他教师、管理者、职工、学生一起为了学校的发展而积极努力地工作。

其次，高校凝聚力促使教师产生自豪感。自豪感就是教师以学校为荣，为学校骄傲，认为自己的学校有令人羡慕的对社会的贡献、良好的声誉、美好的形象并且自己有可观的收入，因此产生荣耀心理。如果社会或外界对学校的评价高，学校的知名度高，在这样的学校工作的教师就会因此获得强烈的集体荣誉感以及自豪感。

再次，高校凝聚力促使教师产生责任感。教师责任感是教师分内应做之事或本职工作要努力做好的强烈愿望。教师被学校吸引，认同学校目标，对学校的满意度比较高，喜欢和热爱自己的学校，就会关心自己的学校，时刻关心学校的发展，将学校的命运、发展和前途与自己的利益获得和价值实现紧密联系起来，产生对工作或职责的强烈责任感。

最后，高校凝聚力促使教师产生工作积极性。管理心理学认为，需求是工作者对某种目标的渴求或欲望，工作动机是推动工作者去从事工作并指引工作者去满足需求的动力。工作者的需求得到满足时，就会产生努力做好工作的动机，就会有很高的工作热情，并表现为始终如一的工作努力，但这种动机的强弱同群体对他们关心的程度和他们的需求被满足的程度密切相关。如果学校关心教师，满足教师的需要，提高他们的满意度，将教师团结起来，凝聚在一起，教师就能产生强烈的工作动机和高涨的工作积极性，产生积极向上的强烈愿望，表现奋发有为的精神面貌，就会处于最佳精神状态，精力、时间、智慧就会被吸引到工作中，全校教师心往一处想，劲往一处使，努力完成各项任务，实现学校的办学目标。

（四）高校凝聚力能规范教师的行为

高校凝聚力规范教师的行为是通过形成良好的群体规范和正确的群体舆论实现的。

首先，高校凝聚力能够形成良好的群体规范。群体规范是指群体所建立的普遍认同的行为标准与准则，是群体成员必须遵守的行为准则及评价体系，由一整套不成文和成文的必须遵守的规矩组成，规定了每个成员的行为，只有凝聚力强的群体才能建立和形成成员都能遵守的群体规范。显然，高校规范的形成有利于教师确立共同的观念与价值标准，从而培养教师的集体观念，强化教师的职业道德，规范教师的行为，遵守学校的规范，增强自律意识，养成良好的行为习惯。

其次，高校凝聚力有利于形成正确的群体舆论。群体舆论是指在群体范围内发生的舆论，它充分表现了群体内多数人对普遍关心的事情或问题的一致意见、情绪和意志，并构成对少数持不同意见者的公开压力。凝聚力强的高校，教师间关系融洽，交往频繁，沟通及时，信息传递快捷，更容易形成正确的群体舆论。群体舆论的形成能够对教师的不良行为形成群体压力，使教师有效地抵制各种错误思想的影响，互相监督、抵制不良行为，有效地消除散漫、随意的现象，增强教师的行为自我约束力。

三、影响高校凝聚力的因素

高校是一个处于开放系统状态下的组织。在开放系统中，组织存在于"组织场"中。同样，学校也处在由众多因素构成的组织场中，这些因素对学校产生影响。高校的组织场中也有很多因素，它们影响高校，对高校教师的心理产生作用，从而也影响着高校凝聚力。在这些影响高校的因素中，既有外部因素，又有内部因素，它们之间相互作用，共同影响高校凝聚力。

（一）影响高校凝聚力的外部因素

我们认为，影响高校凝聚力的外部因素很多，限于篇幅，主要分析以下因素：

1. 社会生活方式与社会重视人才的程度

一方面，社会生活方式影响高校凝聚力。生活方式是指个人、家庭及相关人群在一定历史条件、社会环境中，为谋求自己的生存与发展而选择、确立的日常生活诸方面构成和实现方式。高校教师作为社会人，其心理认知、行为选择和工作态度等都会受到社会生活方式的影响。当社会的生活方式处于积极向上状态时，例如，人们都主动积极地关心、帮助对方，普遍认同集体利益高于个人利益，普遍关心、忠于自己所属的组织，等等，就会潜移默化地对教师的心理产生积极作用，从而影响他们的行为，促使他们将自己的个人目标融合在学校的发展目标之中，增强集体观念，形成献身学校的精神；也使教师在面临利益冲突时能够为了学校的发展相互理解、团结、合作,从而有利于形成良好的人际关系,增强高校的凝聚力;反之,当社会的生活方式处于消极落后状态时,例如,人们相互之间关系淡漠,"事不关己,高高挂起",将个人的得失、利益看得高于一切,缺乏组织忠诚度或集体观念,等等,教师在行为上表现为没有合作精神,没有牺牲精神,害怕"吃亏",有的甚至为了个人的利益而不惜损害他人或学校的利益,激发矛盾,引发冲突,教师之间人际关系紧张,从而不利于高校凝聚力的形成,甚至使高校已经形成的凝聚力降低。

另一方面,社会对人才的重视影响高校凝聚力。马斯洛在他的需求层次理论中明确指出,所有的人都有尊重的需求,需要自尊、自重,或被他人尊重,渴望自己的努力得到承认,希望得到他人和社会的高度评价与重视。高校教师属于知识型劳动者,相对于其他劳动者,他们更渴望获得尊重与重视。社会对人才的重视必将促使高校教师看到自己工作的价值,认同、喜欢、热爱教师职业,表现出巨大的工作热忱,产生更高的工作积极性,并使他们因自己是高校教师而幸福与自豪,产生职业荣誉感和对学校的向心力,从而增强了他们的凝聚力。其次,社会对人才的重视,促使社会各行各业和各种组织更加激烈地竞争或争夺人才,高校教师由于大多都是各领域内的行家,是组织核心竞争力的源泉,对于组织的发展起关键作用,必将成为竞争或争夺的首要对象。高校为了吸引、留住人才,必然关注教师,关心教师,改善管理,提高他们的满意度,吸引他们,使他们愿意为了高校的发展贡献自己的智慧与力量,从而提高高校的凝聚力。

2. 高校教师的社会地位

对高校教师社会地位的衡量,一般以教师的经济待遇、教师的社会权益和教师的职业声望等为评价标准,因此,高校教师的社会地位是影响高校凝聚力的一个因素。高校教师社会地位对凝聚力的影响主要表现为以下内容:

首先,高校教师经济待遇会影响高校对教师的吸引力。马斯洛的需求层次理论明确指出,人的一切需求中,保障自己生存的需求即生理需求是最基本的需求。高校教师作为生命体,在社会上得以生存的第一需要也就是保障自己所必需的物质生活,而这种保障主要以经济待遇为前提条件。因此,高校教师经济待遇不仅关涉教师生理需要满足的程度,而且会影响到他们对教师职业的忠诚度。若在整个社会行业中高校教师的经济待遇居于中上水平甚至更高,他们就会安心于本职工作,对学校的忠诚度就会高,学校对他们的吸引力也就会大;反之,若其他行业的经济待遇远高于高校教师的经济待遇,那么他们的心理就容易失衡,高校对他们的吸引力也会随之减弱,进而造成他们的工作积极性低甚至离职。

其次，高校教师权益保障直接影响高校教师对高校的向心力。教师的社会权益主要包括两方面内容，一是指教师在履行职责时所具有的权力；二是指教师在社会中享有的合法利益。这两种权益的保障都必须有国家相应的法律、法规去规范。这样，当教师的权益遭遇侵害时，他们才有维护自己合法权益的依据，才能使他们觉得自己的职业有保障，愿意继续留在高校从事自己的工作，从而增强他们对高校的向心力。反之，社会若没有保障教师的社会权益，教师就会有不公平感，就会产生离职倾向。

再次，高校教师职业声望直接影响着高校教师队伍的稳定。职业声望反映着一个社会对一定职业的评价的高低，进而决定着人们对这一职业的肯定或否定、尊重或鄙视的态度。作为知识型劳动者，高校教师有受尊重的需要，社会对高校教师职业评价高，尊重教师，教师对自己的职业就充满了自豪感与荣誉感，就更愿意从事教师这一职业，高校对他们的吸引力就越大，进而会增强高校的凝聚力；相反，若教师职业声望低，不受人尊重，高校教师就会嘲笑自己当初选择教师这一职业的决策，就不愿意继续留在高校，而去另谋职业。

3. 高校的知名度

高校的知名度能够使高校获得更多的外部支持，从而可以增强高校对教师的吸引力。一所知名度高的高校往往具有"光环效应""马太效应"，其主要表现为：①人才吸引。人才都希望在知名度高的学校中一展身手，实现自身价值；②资金吸纳。企业喜欢向知名度高的高校投资，银行更是"嫌贫爱富"，借贷优先考虑名校；③政府支持。知名度高的高校在社会上影响举足轻重，政府在政策优惠、资金投入等方面向来都是喜欢锦上添花；④家长与学生信任。名校是高质量的代表，自然令家长与学生放心与神往。总之，大量的社会资源、要素、荣誉等都向知名度高的高校集中。这种影响对学校而言，可以获得国家、社会更多支持，改善办学条件，从而能够给教师提供充足的科研经费以及更好的发展空间，满足他们个人发展和价值实现的需要。总之，知名度高的高校容易使教师产生自豪感、满足感、归属感，教师会发现这里是他们实现人生抱负的理想场所，因而对学校产生向心力；而学校因此对他们更具吸引力，凝聚力更强。

4. 高校的外部压力

罗宾斯指出，大多数研究支持的一个命题是：如果群体受到外部攻击，群体凝聚力会增强。巴克（Back）在研究影响群体凝聚力的因素中明确指出，群体的外部压力会对群体内部成员产生影响。当群体面临与其他群体的竞争和冲突而感到压力很大时,群体内部成员的矛盾会缓和或停止,矛头一致对外,群体凝聚力会急剧提高。同理,当高校面临外部压力时,教师之间相对于以往会更团结,更具有凝聚力。这是因为,从组织行为学来分析,外部压力能够对教师的行为产生激励作用。行为主义理论家伍德沃思(R.Woodworth)明确指出,有机体在环境中由于缺失某些东西会产生多种需要,需要产生时,有机体内部会产生一种"驱动力",使有机体释放一定的能量和冲动,激发和推动有机体表现出满足需要的行为。根据管理心理学中人是组织实现目标的工具和组织是人满足需要、自我实现的工具的原理,高校作为教师需求满足的工具,它的生存与发展直接关系到教师的利益,特别是直接关系到教师的生存与发展,直接关系到教师需求能否满足和满足的程度。当高校面临外部压力时,高校的生存和发展就会受到威胁,高校教师的需求满足、利益获得、自我实现就会直接受到影响,因此,高校的外部压力使教师产生危机心理,为了保证自己的需要和利益,高校教师就会齐心协力,团结起来,高校的凝聚力也会因此而得到增强。

（二）影响高校凝聚力的内部因素

辩证唯物法认为,内因往往是促成事物发展的主要原因,外因对事物发展会有一定影响,但不起决定性作用。这一原理告诉我们,外部因素对高校凝聚力的影响比较小,内部因素的影响更大,因此,以下重点分析影响高校凝聚力的内部因素。

管理心理学的研究表明,工作中的报酬、提升、管理、工作本身、同事关系等五个因素影响着教师的工作满足感。还有研究者在综述中指出,心理挑战性的工作、公平的报酬、支持性的工作环境、融洽的同事关系以及人格与工作的匹配等因素决定了工作满足感。显然,这些都是群体的内部因素,它们通过影响员工的工作满足度来决定群体凝聚力。同理,高校的工作目标、工作特性、组织结构、管理制度、管理者、校园文化、人际关系等内部因素也会影响高校的凝聚力。

1.工作目标

群体动力学研究证明,确定共同目标是促进其凝聚力提高的一种手段,由此可见,共同目标对于组织成员具有凝聚功能。同理,高校的共同目标对于教师也具有凝聚功能。所谓共同目标指学校和所有教师一起享有的目标,之所以共同目标具有凝聚功能是因为:首先,共同目标是立足于学校实际,在现有办学条件下制定的总体发展目标,充分体现了学校的总体发展方向和各个时期的发展规划,能为教师提供清晰的学校未来发展方向,使教师能看到学校的未来、自己的前途和发展的可能性,从而有利于教师规划自己的职业生涯,增强他们的归属感和安全感,安心地留在学校工作,因此,增强了学校对教师的吸引力;其次,共同目标能被全体教师认可和接受,并为之奋斗，从而能够使学校各院系、各学科、各专业的教师统一认识，树立全局观念与集体观念，经常沟通，淡化个人利益和冲突，为了学校的发展相互配合、彼此协调，产生良好的人际亲和力与凝聚力。

2. 工作特性

管理心理学家提出了任务或工作特性理论（Task or Job Characteristics Theory），其中，特勒尔和拉卫斯（Turner & Lawrence）认为，复杂性的任务对工作者更有吸引力，在他们看来，任务的复杂性可从变化性、自主性、责任、所需知识及技能、所需的社会交往、可选择的社会交往来衡量。霍克曼和欧德孟（Hackman & Oldham）提出了工作特性模型（Job Characteristics Model），他们认为，任何工作的吸引力都可以用技能多样性、任务一致性、任务重要性、工作自主性和工作反馈这五个核心指标来描述。我们认为，高校工作的三种特性影响教师凝聚力。一是高校工作的重要性。"教育是民族振兴、社会进步的基石，是提高国民素质、促进人的全面发展的根本途径，寄托着亿万家庭对美好生活的期盼。"高校工作是意义重大的工作。因为"在一个知识越来越重要的社会里，越来越多的人将教育视为希望所在，良好的教育意味着更好的未来"。高校教师教书育人，进行科学研究，为这种未来和希望创造条件，这就使教师看到了自己的职业价值，从而提升他们对于教师职业的忠诚度，增强他们对实现其职业价值所在组织——高校的向心力；二是高校工作的自由探索性。高校相对于其他社会组织的最大特点是学术性，高校工作需要教师自由探索。高校能够为教师提供比较优良的科研条件，如经费、时间、设备、氛围等，让他们进行科研活动，这就使得高校教师对自己的领域能够自由探索，满足了他们探索、研究的需要。同时，高校教学也是学术活动，具有学术性，需要教师自由地开展教学和教学研究工作。因此，科研与教学工作有利于提高学校对教师的吸引力以及教师对学校的向心力；三是高校工作的成长发展性。无论是教学、科研还是社会服务，高校教师在培养人才、推进科学发展和输出科研成果的同时，其知识得以丰富，能力得以提高，智慧得以长进，自己得以充实与发展。例如，通过科研，他们在与同事合作中共同提高；通过教学，他们在与学生合作中实现教学相长；通过与同事的相互切磋，他们的教学水平得以提高……这使他们可以从科研新手成长为学问家，成为学术大师，也可以从教学新手成长为专家型教师，成为教学名师。因此，高校教师对学校的向心力更强，更愿意留在高校贡献自己的力量。

3. 组织结构

组织结构是组织内部纵向各层次工作群体、横向各个部门的设置及关系的总和。

组织结构设计规定了组织内各成员的工作职责与各部门的工作范畴，直接关系着各部门、各成员间的利益，会对组织成员的心理造成一定影响，从而影响到组织成员对组织的向心力与组织的凝聚力。具体而言，若组织分配的角色正好符合组织成员个体的个性特点，导致组织的角色期望与组织成员的个人需要保持一致，组织目标与成员个人目标一致时，就会促使组织成员愿意留在组织中贡献自己的力量，从而增强组织成员对组织的向心力。同理，高校作为一个组织，当高校的组织结构的设计和岗位或职位的设置符合教师的角色期望，符合教师的个人发展目标，有助于他们实现自我价值和产生愉快情绪时，则教师满意学校，对学校就有向心力，学校的凝聚力就强；相反，当组织结构的设计和岗位或职位的设置不符合教师的角色期望，不利于教师实现自我价值时，教师对学校就会失望，学校对他们的吸引力就会降低，高校凝聚力也就无从谈起。

4. 管理制度

制度是解决有序化、规范化的硬约束，离开了制度，事物就会处于纠缠不清、混乱无序的状态，各种矛盾就会不断产生并激烈碰撞，引发各类冲突，冲突使组织的凝聚力下降。因此，制度影响凝聚力。高校的管理制度对高校凝聚力的影响主要表现在：管理制度能够保障学校各项措施顺利实施，淡化教师间因工作任务安排不当、利益分配不均而引发的各种矛盾，保障教师的正当权益，提高教师对学校的满意度，从而增强他们对学校的向心力与学校对他们的吸引力。如果教师管理制度、教师评价或考核制度、教师职称晋升制度、教师薪酬津贴制度、教师培训制度、教师奖惩制度等充分考虑教师的利益，兼顾教师的需要，并且能够始终如一地贯彻执行，则多数教师就会觉得自己的权益有了保障，对学校的满意度就会提高，就有了向心力；否则，会引发不必要的摩擦，造成教师人际关系紧张，进而严重影响教师之间的团结，削弱高校凝聚力。

5. 校园文化

文化可以被定义为凝聚群体的共享思想观、价值观、信仰、期待、态度和规范。因此，文化本身具有凝聚功能。同理，高校的校园文化对高校教师也具有凝聚功能。鉴于校园文化分为物质文化（即学校环境以及一些文化建设的硬件设施等）、制度文化（包括学校中那些长期形成的校风、校训、校貌、礼仪、习惯、习俗、成文或虽不成文但已约定俗成的制度等）、精神文化（主要指价值观念），高校的校园文化对高校教师的凝聚功能可以从这三方面分析：

首先，校园物质文化对高校教师的凝聚功能主要表现为学校物质环境通过使教师感到舒畅、安全而对他们产生吸引力和凝聚力。校园物质环境是校园文化的物质性载体，是校园文化赖以产生、发展的基础和骨架。完善的建筑设施、优美的校园环境，会使生活于其中的校园人情绪稳定、心境平和。心理学研究发现，稳定的情绪、良好的心境会促进人主观能动性的发挥，增强人的工作动力与热情，从而增强人对所处组织的向心力。因此，具有一定文化色彩和教育意识的物质环境，能使学校各种物化的东西都体现出学校的个性和精神，从而能有效激发教师的集体荣誉感，给他们愉悦的文化享受和催人奋发向上的感觉，让他们更愿意、更安心地为了学校的共同目标而努力，增强他们对学校的向心力。

其次，校园制度文化对高校教师的凝聚功能主要表现为高校通过校风、校训、规范、礼仪等将学校所倡导的价值观念、行为准则，以启迪、熏陶、感化和塑造等方式，引导和规范教师的思想行为，使不符合校园制度文化要求的心理和行为感受到无形的压力，对不良的心理倾向和行为具有抵御作用，有利于形成教师集体心理相容的状态，让教师能更加安心地在和谐、融洽的氛围中工作，从而增强教师之间的吸引力。

再次，校园精神文化对高校教师的凝聚功能主要表现为它能借助精神纽带吸引和团结校内所有教师，并唤起和激发每位教师对学校的深挚感情而把他们紧密地联系在一起，能在校园内建立起高度和谐、信任、友爱、理解、互尊的群体关系。这种群体关系有利于排斥任何有悖于校园精神的离心情趣，形成教师群体共同拥有的责任意识、集体意识，从而促使每一教师个体融入到学校集体之中，从而产生归属感、责任感、优越感，增强教师对学校的向心力。

6. 管理者

高校管理者对高校凝聚力的影响主要表现为二：

其一，高校管理者自身魅力会影响高校凝聚力。孔子曾说过："其身正，不令而行，其身不正，虽令不从。"管理者对群体成员的影响力可分为有法定性影响力和威望性影响力，威望性影响力奠基于管理者的品格、能力、知识和情感等个性因素。研究表明，具有魅力的管理者具备自信、远见、清楚表达目标的能力、对目标的坚定信念、不循规蹈矩的行为、环境敏感性、创新等关键特征。显然，如果学校管理者具有高尚的品德、渊博的学识、出众的专长，以身作则，并且关爱下属，平易近人，那么，他们就会对教师产生自然感召力，就会赢得教师的拥护和爱戴，使教师自愿服从其管理，并改变与管理者意旨不一致的行为，形成一个核心，产生很高的群体士气，进而使学校对教师产生很强的吸引力；反之，则会使教师怨声载道，大大削弱群体的士气，促使教师凝聚力下降,给学校工作造成相当大的损失。

其二,高校管理者采取的管理或领导方式会影响高校凝聚力。根据美国社会心理学家李克特的四种领导方式理论即剥削集权领导方式、仁慈集权领导方式、协商民主领导方式、参与民主领导方式理论,剥削集权领导方式和仁慈集权领导方式的管理者采用的是恫吓和威胁,上下级之间的联系极少,会使成员抵触工作和管理,引发冲突,不利于组织的团结。协商民主领导方式与参与民主领导方式的管理者容易得到成员的支持,发挥他们的才干,增进组织的团结。可见高校管理者对领导方式的选择会直接影响到教师的心理:选择集权领导方式会束缚教师的积极性,使他们对学校产生消极情绪,减弱学校对他们的吸引力,学校的凝聚力也因此降低;选择民主领导方式有助于提高教师工作的积极性,发挥他们的主动性,增强他们对学校的向心力,学校的凝聚力也会随之提高。

7. 人际关系

前面明确指出,高校凝聚力的一个表现是教师之间(包括教师与管理者之间、师生之间)的相互吸引力或接纳程度。这种吸引力或接纳程度是以和谐、融洽的人际关系为基础的。所谓人际关系是指人们在社会活动过程中所形成的建立在情感基础上的相互联系。和谐、融洽的人际关系能够为教师提供相互理解、相互信任、相互帮助的组织环境,提高教师的工作满足感,对高校凝聚力有直接影响。例如,若高校有和谐、友善、融洽、良好的人际交往环境,管理者平易近人,认真听取下级的意见,帮助教师解决困难,鼓励、支持教师发展;教师与教师之间关系融洽,相互关心和帮助,共同完成培养人才、科学研究和服务社会的任务;教师和学生之间关系融洽,教师热爱学生,学生尊敬老师,在教学和研究中实现学术发展和专业成长。那么,这种和谐、友善、融洽、良好的人际关系,会使教师心情舒畅,增强学校对教师的吸引力和教师对学校的向心力以及教师之间的相互吸引力,进而增强高校凝聚力;反之,不良的人际关系会引起教师的烦恼、压抑和紧张,挫伤他们工作的积极性与热情,严重影响高校的凝聚力。

第二节　高校凝聚力的现状与原因

上一节对影响高校凝聚力的主要因素进行了深入分析,本节以对高校凝聚力现状调查与实践的观察为依据,描述高校凝聚力的现状,试图从内部因素角度深入分析导致这些现状的原因,为下节探讨增强高校凝聚力的对策提供依据。

一、高校凝聚力的现状

我们以校为单位对某省三所高校的高校教师按工龄、年龄、职称、来源学校分类进行了问卷调查。围绕研究目的，共设计了封闭性单选题、排序题与问答题三种类型的题目，其中，单选题25题，排序题2题，问答题1题。共发放问卷450份，回收437份，问卷回收率为97%，其中有效问卷390份。

（一）高校教师对高校凝聚力的评估

高校教师对高校凝聚力的评价分数是2分，即凝聚力一般，也就是说，高校教师不管何种年龄、何种工龄、拥有何种职称以及在何种类别的高校工作，都基本对高校凝聚力的看法持中立态度，他们普遍认为，高校凝聚力只是一般，不是很高。在被调查的390人中，无一人认为凝聚力非常高。这就充分说明，高校凝聚力还存在许多问题，有必要加强高校凝聚力建设。

（二）高校教师对学校的关心度、忠诚度以及喜爱度

根据凝聚力的含义，教师对学校的关心度、忠诚度和喜爱度可以一定程度上反映教师对学校的向心力，从而反映高校的凝聚力，我们就此进行调查。

对学校喜爱度上，58%的教师非常喜爱或喜爱学校，平均数（3.57分）显示，教师对学校几乎处在"一般喜爱"和"喜爱"的正中间；对学校关心度上，71%的教师非常关心和关心学校，平均数（3.84分）显示，教师对学校的关心更接近"关心"；对学校的忠诚度上，尽管有28%的教师忠诚于学校，非常愿意和愿意留在学校工作，却有8%的人表示非常不愿意留在学校，34%的人不愿意留在学校，只要有机会就会调离所在的学校，30%的人持中立态度，这三类人加起来占72%，平均数（3.21分）显示，教师对学校更接近一般忠诚。这提示，广大教师热爱自己的学校，对学校也很关心，但是对学校的忠诚度不高。这提醒管理者应该努力找寻教师不愿意留在学校、要求调离的原因，改进管理，让教师能够安心在校工作，增强学校对教师的吸引力。袁凌等对高校教师工作满意度的调查研究发现：教师对工作本身、工作环境、薪酬待遇、进修与晋升等不满者比较多，对领导与管理、人际关系不满意者较少。

（三）高校教师对影响高校凝聚力因素的满意度

对高校凝聚力调查发现，7%的教师认为，高校的外部因素对高校凝聚力影响较大，54%的教师认为，高校的内部因素比外部因素更影响高校的凝聚力，39%的教师认为，内部因素和外部因素对高校凝聚力的影响同等重要，提示教师确信高校的内部因素更影响凝聚力。

在影响高校凝聚力的内部因素中,有许多教师对它们的满意度并不高,说明高校内部因素还存在一些问题,使教师产生不满,这可能是高校凝聚力一般的重要原因。

具体而言,高校教师对影响高校凝聚力的内部因素的满意度由高到低依次是教师之间的关系(3.65)、机构设置(3.21)、领导者(3.17)、信息沟通(2.92)、晋升体制(2.69)、薪酬评定(2.49),基本处在一般满意(3分)水平,有的(教师之间的关系、机构设置、领导者)高于一般满意,有的(信息沟通、晋升体制、薪酬评定)低于一般满意,说明教师对影响凝聚力的内部因素满意度不高。从百分数可看出,在组织结构方面,教师对高校的机构设置满意度不是很高,非常满意与满意的人只占38%,49%的人态度一般,还有13%的人对高校的机构设置不满意。教师对高校信息沟通不满意和非常不满意的百分比略多于满意和非常满意的百分比,半数以上的教师表示一般;在管理制度方面,教师对学校的薪酬评定、晋升体制,普遍不满意;在人际关系方面,教师认为,高校的人际关系总体比较融洽,但是仍有8%的教师对领导持不满意的态度,3%的教师不满意教师之间的人际关系,并且对领导者持一般满意的占大多数。

就高校目标而言,41%的高校教师认为学校有明确的目标,而48%的人认为学校虽然有目标,但是不明确,还有11%的人持完全否定态度,认为学校无明确的目标,说明大部分教师认为高校存在办学目标不明确或无目标的问题。

根据百分数显示,高校教师对工作中各项因素的满意度不很高,很多因素"一般满意"和"不满意"的人数要多于满意的人数,将百分数转换为平均数,高校教师对工作中各项因素的满意度由高到低依次是:同事关系(2.29)、人际关系(2.27)、领导关心认可(2.23)、文化氛围(2.16)、报酬公平性(1.99)、工作挑战性(1.88)、工作环境(1.88)、晋升机会(1.88)、进修提升(1.81)、报酬水平(L80)、进修培训(1.75)、工作条件(1.60)、工作成就(1.58),基本处在"一般满意"(2分)水平,其中少数因素(同事关系、人际关系、领导关心认可、文化氛围)高于"一般满意",多数因素(报酬公平性、工作挑战性、工作环境、晋升机会、进修提升、报酬水平、进修培训、工作条件、工作成就)低于"一般满意"。

综合以上的调查结果,我们认为,高校凝聚力一般,提示高校凝聚力建设不容乐观,还存在很多问题,因此,有必要对影响高校凝聚力的原因进行仔细分析,从而找出对策。

二、高校凝聚力现状之原因

影响高校凝聚力的因素虽然也有外部因素,但是管理实践和我们的调查都表明,内部因素较外部因素对高校凝聚力的影响更大，对于高校而言，外部因素的可控性太小，因此，我们结合第二节的研究，针对影响高校凝聚力的几个主要内部因素进行原因分析。

（一）没有共同目标和工作缺乏吸引力

高校没有共同目标指教师与学校没有共同目标，这主要源于：首先，高校目标过高。近年来，大多数高校尤其是省属高校在办学中盲目地追求办学的多层次，一哄而上，不顾自己的办学条件，千方百计地要获得培养硕士和博士的办学资格，提出过高的目标。这种不顾自己学校实际情况的做法，既使教师不认同、不接受学校的目标，不为实现目标而努力；又使教师对学校的发展产生怀疑，无法对自己的个人发展作出长远的规划，动摇了对学校的信心，从而挫伤了他们为目标奋斗的积极性，降低了他们对学校的向心力；其次，高校目标不明确。我们的调查结果显示，认为高校有明确目标的只有41%，认为有目标但不明确和无明确目标的有59%。这充分说明，高校存在目标不明确的问题，使得教师在工作中遇到矛盾时，形成较大的分歧，无法统一认识，无法从全局出发协调矛盾，从而引发冲突，造成人际关系的紧张，不利于高校凝聚力的形成。

高校工作缺乏吸引力主要是高校没有使教师看到工作的重要性、自由探索性和成长发展性。学校虽然不要求教师坐班，但要求他们在完成教学任务之外，还要完成较高的科研指标任务，如论著、项目、经费、获奖等，这些要求达到与否直接跟他们的经济待遇、职称晋升、评优、得奖等利益挂钩，高校教师因此不得不首先考虑完成这些指标任务。而完成这些指标任务需要花费大量的时间和精力，因此，高校教师无法再有足够的时间和精力去自由地研究自己感兴趣的教学学术和学科专业学术，无法使自己获得提高与发展，从而也就无法使自己在自由探索和成长发展中感受到工作的乐趣和充实。这种情形易使他们产生工作压力和职业倦怠，引起他们对学校的不满，降低学校对他们的吸引力。谢钢对高校教师工作满意度的调查结果显示，有40.8%的教师认为自己现在的工作生活状况是"被动应付"或"较为空虚"。袁凌等对高校教师工作满意度的调查发现：高校教师对工作挑战性、工作环境条件、工作条件、工作成就感不满意的分别占39%、39%、52%和53%。高校教师认为，有工作成就感的仅为11%，认为工作没有成就感的占53%，持中立态度的为36%，高校教师对工作挑战性、工作成就、工作环境、工作条件的满意度水平都很低。由此可见，高校工作缺乏吸引力。

（二）组织结构设计不合理

我国高校内部实行的是科层式组织结构,采取的是纵向分层次、横向分部门的垂直管理,信息在组织内逐级上下传递,上级对下级行使命令指挥权,下级负责执行上级的命令,并汇报执行结果,反映出现的问题。调查发现,教师对高校的组织结构与机构设置满意度不很高(3.21),非常满意与满意的占38%,49%认为一般,13%不满意。科层式组织结构导致教师满意度不高,高校凝聚力低,具体表现在三方面:

首先,不利于教师参与管理。在科层式组织结构下,教师处于金字塔的底部,其行为要接受来自上级权威体系的控制,因此,教师较少有真正参与学校管理特别是决策的机会。有学者对湖南某重点大学调查发现,教师对"参与学校管理"满意的占19.9%,一般满意的占21.1%,不满意的占58.4%;对"教师参与管理在学校管理中实际所处的地位"回答"高"的占23.0%,''一般"的占31.0%,"低"的占46%。毕宪顺等人的调查研究显示,对关系到高校改革和发展的各种重大事项,教师的参与率分别为:"人员调配与人事任免事项征求意见",32.10%;"年度工作计划的修改",31.51%;"重大管理规章制度的修改",31.36%。在学科设置与调整、重点学科建设方案、师资队伍建设的意见与政策、专业设置与调整、教学大纲的审定与专业课程建设等咨询审议活动中,教师的平均参与率为45.58%。由此可见,教师参与学校决策的机会较少,即便是学术事务,教师的平均参与率也不到50%。这说明,教师参与学校管理情况并不理想,让他们觉得自己没有受到重视与得到尊重,自己的智慧不能得到发挥,价值无法实现,产生被埋没、被压抑的心理,从而引起他们对学校的不满,降低他们对学校的向心力。

其次,不利于教师之间的信息沟通与情感交流。科层式组织结构由于中间环节过多,使信息渠道延长和节点增加,导致信息传递过程受阻,信息内容扭曲,信息传递失真。在我们的调查中,教师对学校信息沟通非常满意和满意的仅占22%,不满意和非常不满意的为24%,持一般意见的为54%,这说明目前高校的信息沟通难以令人满意。另外,谢钢对教师工作满意度的调查表明,45.4%的教师认为"现在校内的管理渠道不顺畅"。这种情况一方面使学校管理者无法真正地了解广大教师对学校工作的真实想法,并根据教师的要求改进学校的管理工作,从而使教师难以感受到学校管理者对他们的关心与重视,不利于学校管理者与教师之间的情感交流,削弱了学校对教师的吸引力。研究结果表明,对"领导关心认可教师"满意的仅为43%,不满意的占17.5%,一般的为39.5%;另一方面,科层式组织结构传递信息,容易造成信息失误,形成理解偏差,从而引发教师间不必要的矛盾,不利于教师之间形成良好的人际关系。

再次,学术权力与行政权力平衡机制缺失。一般来说,学术权力是指学者团体对学术机构和学术事务所拥有的影响力和控制力,学术权力在大学里绝非只是单纯影响学校的几项学术事务,而是拥有全面参与决策的权力。但在高校,由于科层式组织的严格权力等级结构特点,官僚化和行政本位明显,行政部门的科层干涉并决定着学术权力,导致行政权力高于学术权力。具体表现为:①权力过分集中于行政系统,包办学术事务,学术委员会、教学指导委员会、专业和课程委员会等组织形同虚设,并无实权,开展活动也只是走走形式,做做样子;②学术委员会、教学指导委员会、专业和课程委员会等类似学术组织的成员多为院长、主任及职能部门负责人,学术机构行政化现象严重;③权力过分集中在学校一级,学院和系的权力被弱化,自主性受限制。调查结果显示:学术人员参加学校某学术性质的委员会参与率仅为17.93%,学术人员担任学术组织职务的为16.19%,担任行政职务的为16.97%,无任何职务的占48.3%。可见,作为学术人员的教师参与学术管理、行使学术权力不够。这势必会引起广大教师对学校的不满,直接影响高校的凝聚力。这是因为,学术权力的载体主要是教授群,他们是在一般教师的基础上晋升而来的,因此,教授是广大教师以后发展的目标,高校教授学术权力的缺失使广大教师对自己未来的发展产生怀疑,觉得自己应有的权益无法得到保障,从而降低他们对学校的向心力,影响学校的凝聚力。

（三）管理制度不科学

我们的调查结果显示,高校教师对薪酬制度满意的占12%,不满的则占48%;对职称晋升满意的仅占15%,不满的占39%,这提示高校教师普遍对高校的管理制度特别是教师的薪酬津贴制度与职称晋升制度不满,这种不满的情绪将严重影响到教师对学校的向心力。就目前高校的情况来看,高校管理制度不科学主要表现为高校没有建立健全的管理制度,其中包括教师薪酬津贴制度、教师职称晋升制度、教师评价或考核制度。

首先,教师的薪酬津贴制度存在问题。①教师的工资总体水平偏低。目前我国高校教师的薪酬水平与他们的个人价值和努力极不匹配。从2004年全国各行业薪酬调查情况看,我国教育行业的平均年薪仅为26661元,在被调查的30多个行业中排倒数第三,仅相当于电信行业平均年薪的46%,同期国内硕士的平均年薪为66078元,远高于高校的副教授水平。教师对工资水平满意的21.5%,不满意的41.5%,一般的为37%。虽然近年来高校教师的薪酬有了较大增长,但总体上仍然处于中等或偏下的水平。这种行业待遇的差别,会直接影响高校教师特别是青年教师对教师这一职业的忠诚度，容易使他们为了追求更好的待遇而选择离职。例如，1999 年 9 月北京商情咨询公司和北京工业大学经济管理学院进行的一项调查显示，高校教师的实际经济收入与其期望经济收入的差距比较大，30.9% 的教师有跳槽意向，尤其是青年教师，45 岁以下的教师想跳槽的竟高达 41.4%。调查还发现，31.1% 的教师表示"如有挣钱多的工作，愿意弃教转行"。②专业技术职务相同的教师收入差别不大，不与业绩挂钩。专业技术职务是教师个人收入分配的主要依据，国家工资级别根据专业技术职务而定，其晋级由工作年限决定，不与业绩挂钩。地方性津贴、补贴也由专业技术职务确定，不管贡献大小、业绩高低，相同职务人员的地方性津贴、补贴标准差别不大甚至无差别，这使教师感到工资、津贴与自己的业绩或贡献脱节，并因为觉得不公平而导致不满。调查结果表明，教师对薪酬公平性满意的占 28%，不满意的占 29.5%，一般的占 42.5%。③高校优秀人才薪酬水平的差异远远低于市场薪酬水平的差异。据调查，2002 年我国高校收入分布总体的基尼系数为 0.2789，内部的基尼系数平均只有 0.214。而据世界银行统计，1998 年我国的基尼系数已达 0.403。外部市场薪酬水平差距却在高校组织内部缩小，平均主义倾向明显，导致优秀教师产生不公平感，挫伤了他们的积极性。毕宪顺、杨海山和王艳明的调查研究显示，教师对报酬公平性满意的仅为 28%。另外，根据陈云英、孙绍邦对北京、天津、大连及青岛等四省市的 204 名教师进行调查研究发现，31.1% 的教师表示"如有挣钱多的工作，愿意弃教转行"。所有这些都说明，薪酬津贴制度仍是影响高校教师忠诚度的一个重要因素，薪酬津贴制度不合理严重影响了高校对教师的凝聚力，高校要提高学校对教师的吸引力，增强凝聚力，就应该制定科学的薪酬津贴制度。

其次，职称晋升制度存在问题。专业人员职务晋升与管理人员相比机会少。学校专业技术职务等级因职务系列不同而略有不同，但最多只有五级，即员级、助理级、中级、副高级、正高级。而党政职务晋升职务分为办事员、科员、副科级、正科级、副处级、正处级、副校级、正校级共八个职务级别晋升等级。并且，由于受学校规格和内设机构数等限制，在领导职务职数有限的情况下，管理人员仍然可以通过专业技术职务系列来获得晋升，即管理人员有两条晋升通路。而每个专业技术人员通常只能在其所在岗位确定的对应的职务系列里晋升，不得跨系列晋升，除非因岗位的变化才可以转系列，即只有一条晋升通路，并且这条晋升通路还受到结构比例和岗位数额的严格限制，其晋升机会相当有限。研究结果表明，教师满意晋升机会的占 21%，不满意的占 33.%，一般的占 46%。显然，这种不合理的晋升制度，使广大教师感到不公平，从而引起他们对学校产生不满，降低他们对学校的向心力。

再次，教师的评价、考核制度存在问题。①考核标准不合理。由于长期受计划经济管理模式和官本位意识的影响，高校的管理层和业务部门中不同程度地存在着家长制、一言堂的现象，考核、评价教师不做认真的调查研究，不深入了解、征求和听取教师的意见，制定考核标准时，不能与学校的具体实际相结合，导致考核标准不合理，难以有效评价教师。例如，目前，许多高校在评定学术成果时，经常简单操作，基本上是依据期刊、出版社的级别，论文、著作等成果的数量，给出考核或评价结论，并没有聘请专业人员认真考究学术成果的"质"。②考核、评审中的人情等因素影响了公平性。我国高校规模普遍较大，考核时经常是划分多个部门由多个考核者同时进行，考核者对考核尺度把握不一，或凭主观印象定性，使得不同考核者对同类人员的考核结果出现较大差异。部分考核者甚至为了避免矛盾或为本部门人员争取利益，无论教职工的实际表现如何，全都采取平均主义确定标准，使考核显失公平。这种不科学的考核、评价制度显然会因为考核、评价的不公平、不合理而挫伤教师的工作积极性，并引起他们对学校的不满，造成他们的离职，对高校凝聚力建设造成破坏性的影响。

（四）校园文化建设不到位

尽管近年来高校加大了校园文化建设的力度，但是，在校园文化建设中还存在有许多不到位的地方，研究发现，高校教师满意学校文化建设或氛围的占41%，不满的占25.5%，一般满意的占33.5%。高校文化建设不到位主要表现为以下几个方面：

首先，物质环境建设中，考虑不周全，设计不够合理。在校园布局、绿化建设方面有所欠缺。例如，有的学校在校园布局上没有合理地进行功能分区，学校内教学区、体育活动区、生活区等混杂在一起。有的学校在绿化景观规划设计上投资较少或不投资，只是简单地在建筑物周围安置一些绿地或照搬照套公园绿化规划模式，没有体现学校自身的文化和美学内涵等。这种由于考虑不周全、备计不合理造成的不良校园物质环境，在视觉上给教师一种混乱、不美观的冲击，容易使他们产生不愉快的情绪，感觉烦躁、压抑，从而引起他们对学校的不满，降低他们对学校的向心力。

其次，在制度文化建设中，人文关怀精神体现不够。生活上，教师特别是青年教师面临着子女上学、就医、住房等实际困难，学校虽然对此重视，但是却没有形成制度化的保障机制来解决他们的这些实际困难，使他们有许多后顾之忧。在工作中，学校的用人制度不是十分合理，有的教师是高职低能，有的是高能低就，没有做到能职匹配，人尽其才，才尽其用。成长发展上，专业教师相对于行政人员，晋升机会少，没有形成公平的职务晋升制度。并且教师的考核、评价制度也不科学，没有保障其公平性。制度文化建设中的这些问题,使教师难以感受到学校的人文关怀精神,难以感受到学校制度文化所蕴含的内在精神。

再次,在校园文化建设中,往往忽视校园精神文化,使校园物质文化建设与精神文化建设相脱离。校园文化的核心是校园精神文化,校园物质文化是校园精神文化的载体,是整个校园文化的外在标志和基础。校园物质文化建设的目的应该是为校园文化建设提供基础并使它成为承担精神文化的载体,建设物质文化不是目的而是手段。但是,高校校园文化建设却在一定程度上背离了这一宗旨,忽视校园精神文化,有的高校甚至把校园文化建设等同于校园环境的美化,一味地强调校园物质环境建设,忽视了校园精神文化建设。这种对校园精神文化的忽视,显然不利于教师形成统一的价值观,从而使教师在处理学校事务时无法达成统一的认识,引起矛盾,造成人际关系紧张、不和谐,从而降低高校的凝聚力。

（五）管理者魅力不高和管理方式不当

据我们的调查,教师对高校管理者尽管非常满意和满意的为 28%,但 64% 的教师持一般态度,还有 8% 的教师持否定态度。造成这一现象的主要原因是高校管理者魅力不高和管理方式不当。具体表现为:有的管理者个人主义倾向严重,自私自利;有的管理者能力平庸,素质不高,只会吹牛拍马,玩弄权术;有的管理者官本位思想比较严重,权力意识特强;有的管理者气度过于狭窄,不够宽宏大量,经常猜疑他人;有的管理者往往对才能、名誉、地位或境遇比自己好的教师心怀怨恨和嫉妒,对他们的长处或成绩采取抵触、贬低、厌恶、排斥的态度;有的管理者实际领导能力较弱,担任领导职务后不注重自身知识的丰富与能力的培养;有的管理者甚至为了维护自己的地位、权威与尊严,以势压人。有的管理者只要求教师干工作,却不关心尤其忽视满足教师的心理需要;有的管理者采取集权的管理方式,缺乏民主意识,没有进行人本管理,让教师参与管理。像上述这样的管理者,非但不能凝聚教师,反而会使教师产生强烈的反感情绪,从心里不愿意服从他们的指令,不利于管理者与教师良好、和谐人际关系的形成,从而降低了学校对教师的吸引力。

（六）人际关系不融洽

据我们的调查,高校教师对高校的人际关系总体满意度比较高,但是仍然存在不足之处。谢钢调查表明,46.3% 的教师视"人际关系的困扰为危机感的主要来源之一"。袁凌的研究表明,教师对人际关系满意的占 44.25%,不满意的占 17%,一般的占 38.75%。不融洽的人际关系对于高校凝聚力建设会产生消极影响。

首先，管理者与教师之间沟通不够。调查结果显示，35.2%的教师从未和校、系领导交流过思想。造成这种现象一方面是由于有些管理者高高在上，不注重与教师的沟通，为了维护自己的权威，刻意地与教师保持一定距离；另一方面是有的教师自己也不愿意主动与管理者交流，存在畏惧或者不屑于与管理者交流的心理。教师与管理者沟通少，必然使得教师与管理者之间关系淡漠，不利于彼此之间的情感交流，因而，不利于形成彼此理解、和谐的人际关系。

其次，教师与教师之间存在矛盾。一方面，随着当前高校改革，教师之间利益的变化，教师之间的竞争越来越激烈。很多时候，如项目申请、职称评定等，教师之间面临直接的冲突，这些冲突协调不当往往容易造成教师之间紧张的人际关系；另一方面，教师作为知识分子，存在"文人相轻"的思想。有的教师看到别的教师比自己强，在品德、才华、成就、名声等方面超过自己，总是不服气；有的教师过于自负，总认为自己的见解高于别人或自己永远正确，毫不掩饰地表现出自己对别人意见的抵触、反感，盛气凌人；有的教师因学术观点不一致，而影响人际关系；等等。这些都使教师非但难以建立融洽、和谐的人际关系，相互吸引，反而会彼此不满、排斥甚至冲突、伤害。研究表明，对同事关系满意的占45.5%，不满意的占16.5%，一般的占38%。

再次，学生与教师之间关系淡漠。这主要是由两方面原因造成的：一方面，高校教师其劳动的任务主要集中于教学与科研两个方面。为了尽量避免因与他人交往而耽误工作进度，教师往往把自己的精力都投入到教学科研或专业学术方面而疏于其他事务。加之目前高校教师的评职称晋级注重专业学术水平，教师更注重科学研究，在教学方面仅与学生保持着一种纯教的关系，不愿在课内外与学生过多接触，师生之间仅维持着一种平淡的人际关系；另一方面，大学生独立意识较强。很多学生不太愿意服从教师的管制，不尊重教师，也不愿意主动与教师交流，从而使得师生之间无情感互动，关系淡漠。

第三节　增强高校凝聚力的对策

本研究第二节较为详细地分析了影响高校凝聚力的因素，特别是影响高校凝聚力的内部因素。第三章从内部因素入手分析了现状及原因。我们认为，尽管增加高校凝聚力不能忽视外部因素的改善，但更重要的是改善内部因素，因此，结合前面的内容，本节主要从影响高校凝聚力的内部因素入手，探讨增强高校凝聚力的对策。

一、设置共同目标和丰富工作特征

（一）设置共同目标

目标是指个体和群体期望经过一定的努力而达到的结果。组织行为学指出，群体凝聚力受群体目标和个人目标相容程度的影响，群体目标和个人目标相容即有共同目标。这就是说，共同目标具有凝聚教师的功能。为此，要增强高校凝聚力，学校必须设置共同目标。一方面，设置共同目标应该立足本校实际。根据心理学的动机激励理论，人的动机是由他所体验的某种需要或未达到的目标引起的。如果设置的目标是难以达到的，人们就会丧失信心，就不会为实现目标而努力，目标也就失去了激励的作用。因此，高校设置目标应该遵循从实际出发、实事求是的原则，在仔细分析高校现有条件的基础上，根据学校的条件和长远发展规划，设置出切实可行的目标，既具有挑战性又能够达到的目标。这样的目标才能使教师看到学校的发展前景，对个人的未来发展充满信心，从而增强他们对学校的向心力；另一方面，设置共同目标应该让教师参与。在设置目标时，高校应该发挥广大教师的参与作用，仔细倾听教师的意见，从而促使教师对目标产生认同感，产生积极的目标承诺，有达到目标并为之努力的决心，并使他们在工作中遇到矛盾时，自觉地从学校整体发展出发，服从大局利益，缓和矛盾或冲突，培养协作精神与互助精神，促进良好、融洽人际关系的形成，增强他们对学校的向心力；再一方面，设置目标后，要加强宣传，让全体教师知晓。学校管理者可通过会议、宣传栏、校园网络、内部刊物等渠道，将学校的共同目标告知于众，使教师了解学校的目标，明确自己的职责，消除其盲目感，从而有利于增强学校对他们的吸引力。

（二）丰富工作特征

工作本身是影响员工满意度的因素之一，丰富工作特征即增加工作中技能的多样性、任务的一致性、意义性、自主性和工作的反馈性，使员工满意和热爱工作，因此，高校应该通过丰富工作特征来增强学校的凝聚力。由于高校教师工作特征的丰富主要在于提升工作的重要性、自由探索性与成长发展性，因此，丰富工作特征应该做到：首先，要让教师看到自己工作的意义和价值。学校可以通过开展各种形式的活动与宣传，让教师看到自己的职业价值，让其对自己所从事的职业产生自豪感。并且，要让他们承担有一定挑战性的工作，使他们在探索中感觉到工作的意义；其次，要给他们提供学术探索的自由。相对于其他社会组织，高校的最大特点是学术性，因此，要合理地安排教师的工作任务，留给他们自由支配的时间，让他们根据自己的专长和兴趣进行科学研究,使他们能够充分地发挥自己的潜能和创造性,提升他们的工作自主感和成就感;再次,要建立适合教师发展的软环境。学校要进一步建立面向教师的多层次、系统化的人才培养机制和培养计划,对教师有目的、有计划、有组织地培养,要分配给教师具有挑战性的任务,并为他们高质量地完成任务创造条件,提供帮助,鼓励和支持学习,让他们在履行工作义务的同时,进一步丰富知识,提高能力,实现专业成长与发展;又再次,要增加教师工作任务的相互依存性。任务的相互依存性可以是共享的、相继的和互惠的,学校要通过让教师一起承担、协作完成工作任务,共同为学校贡献以及奖励教师集体等方式,促使教师相互关心与合作,增加教师之间的吸引力;最后,要增加工作成功的机会。如果个体在工作中取得了成功,那么个体就会有成就感和自豪感,就会被这项工作所吸引。如果群体一贯有成功的表现,就容易吸引和团结群体成员,群体就对成员有吸引力,就会把群体成员凝聚在一起。因此,要增加工作成功的机会,让教师在工作中取得成功,并通过教师个体工作的成功,实现学校目标,成为高成效的学校。

二、设计合理的组织结构

在前面关于高校组织结构影响高校凝聚力的论述中,已经分析了高校组织结构对高校凝聚力的影响。根据前面的论述,我们认为,提高高校凝聚力必须合理设计组织结构,提高教师的工作满意度,激发他们的工作热情,提升他们对学校的向心力。

(一)设计扁平化组织结构

当下组织结构的变革趋势是管理跨度的减小(减少中间管理层)和管理幅度的加大(增加被管理对象),这就要求构建扁平化组织结构。高校要避免科层式组织结构所带来的弊端,也必须构建扁平化组织结构。所谓扁平化组织结构,是指一种通过减少管理层次,压缩职能机构,裁减人员,使组织的决策层和操作层之间的中间管理层减少,以便于使组织最大可能地将决策权延至执行层,从而为提高组织效率建立起来的一种紧凑而富有弹性的新型组织结构。高校构建这种组织结构能够减少信息传递的环节,更好地促进教师与管理者之间的信息沟通与情感交流,既使管理者能及时掌握教师的心理,也使教师感受到管理者对他们的关心、尊重,融洽管理者与教师间的关系,进而提高学校和管理者对教师的吸引力,增强高校的凝聚力。构建扁平化组织结构要做到:在机构设置上,实行精兵简政,裁减不必要的机构,避免机构的重叠与膨胀;在人员配备上,严格控制数量,挑选精干人员组成管理队伍,剔除那些"在其位不谋其政"的懒散人员;在管理工作操作上,简化管理程序,减少不必要的管理活动,让教师能专注于自己的本职工作,避免受到过多的行政命令的干扰。

（二）设计学术权力与行政权力的矩阵结构

高等学校是"做学问"的地方,知识是高校运转的轴心,学术活动是高校最基本的活动,学术性是高校的根本属性。由此,在高校组织结构设计中必然要考虑学术权力;另一方面,高校规模的扩大,使得各构成部分之间的沟通和联系成为非常庞杂的工作,对管理的需求加大,管理人员增多,管理部门逐渐与学术部门相提并论,并大有压倒之势。也就是说,高校不是一般的学者团体,而是一个组织化了的社会单位,是一个正式社会组织,因此,需要有行政权力来管理学校的日常活动。学术将大学的教师和学生紧密联系起来,其组织文化是专业文化,用专业手段进行教学,用专业标准组织知识和评价学生成就;管理部门将专业世界与外部世界联系在一起,其组织文化是管理文化,突出对工作业绩的追逐和行动导向。高校这种学术性和社会组织性的双重特性决定了在高校组织结构中学术权力与行政权力共生、相互协调和配合的必要。要有效实现学术权力与行政权力共生、相互协调和配合,必须设计学术权力与行政权力制衡的结构。首先,要协调学术权力与行政权力。建立健全学术组织,如学术委员会、学位委员会、专业与课程建设委员会、人事委员会等,扭转过去单纯依靠行政权力对校务进行管理决策的现象,把学术权力还给教师,学术问题尽可能地交给作为学术人员的教师解决,让他们看到自己的作用,参与学校管理;其次,要建立和健全校务委员会、学术委员会制度。进一步落实《高等教育法》,建立健全学术委员会制度,明确学术委员会的职责与权限,确保教师参与学术事务决策的权力落到实处,最后,要树立行政权力为学术权力服务的意识,充分尊重教师,调动他们参与决策的积极性,让他们实现自己的价值,增强他们对学校的向心力。

三、建立科学的管理制度

在前一节的分析中,我们已经知道高校的管理制度对于高校凝聚力影响很大,高校教师对于教师薪酬制度、教师职称晋升制度、考核制度存在不满,因此,学校管理者应该对此重视,加强这三方面的制度建设。

（一）建立合理的薪酬制度

美国心理学教授劳勒和波特在他们著名的波特—劳勒激励模式中明确指出,一个人的满意感取决于所获报酬同个人自认为应获报酬的一致性,如前者大于或等于后者,会提高个人满意感,反之,则会降低个人满意感。因此,高校要通过建立合理的薪酬制度来提高教师的满意感与凝聚力,具体要做到以下几点:其一,大幅度提高高校教师的收入水平。根据薪酬理论专家在充分论证教师职业特点、工作压力和负荷情况的基础上得出的高校教师整体薪酬水平在各行业中应中等偏上的结论，高校应在国家允许的政策内，大幅度地提高教师的收入水平，使他们的收入处于中等以上水平；其二，实现教师薪酬与业绩挂钩。根据期望理论，学校要为每个教师设置能够达到的业绩要求和应得的报酬，在效率优先、兼顾公平的前提下，使教师的业绩与薪酬直接挂钩，特别要确保对教师的业绩要求与教师渴望获得的工作报酬直接挂钩，克服薪酬分配上的平均主义、"大锅饭"，使教师产生对薪酬分配的公平感，提升他们对薪酬分配的满意度，进而增强学校凝聚力，调动他们的工作积极性；其三，高校薪酬要充分考虑学科差异和学术工作的不同特性。根据教学和科研绩效确定薪酬时必须考虑学科、院系差异，如发表论文不同的学科难度不同，像化学、生物等学科发表论文较容易，但数学学科发表论文则较难，人文社会科学和自然科学发表论文的难度也不完全相同，根据发表论文确定薪酬时就必须承认学科差异。同样，基础学科、应用学科教学、科研的产出和价值是不同的，薪酬分配也要考虑这种差异，使薪酬能真正反映其劳动成果与价值，提高其工作满意度，调动其工作积极性。

（二）建立双梯阶职称晋升制度

在现行的高校晋升制度中，与管理人员相比，作为专业技术人员的教师无论是在晋升梯阶的长度、宽度还是晋升速度上均存在着明显的不平等，因此，高校要增强凝聚力，就应该建立双梯阶晋升制度。双梯阶制度也称为双重职业路径，它是为了给高校中的专业技术人员提供与管理人员平等的地位、报酬和更多的职业发展机会而设计的职业生涯路径系统和职务晋升激励制度，其特点是：①形成两条平行的晋升梯阶。其中一条是管理梯阶，即管理职业生涯路径；另一条是技术梯阶，即技术职业生涯路径。②两条晋升梯阶具有平等性。在两条晋升梯阶的平行层级结构中，相同级别的人员具有同样的地位、报酬和奖励。这就使得走专业技术梯阶的人员能与管理人员享有平等的发展机会和发展层级。③技术梯阶是一种"Y"型梯阶，允许专业技术人员自行决定其职业发展方向，他们可以继续沿着专业技术梯阶发展，也可以转入管理梯阶发展。这种制度的建立为教师的发展提供了与管理人员同等的晋升机会，满足了他们成长的需求，使他们对学校的满意感提高，从而增强他们对学校的向心力。

（三）建立公平的评价考核制度

在第三节对评价、考核制度所存在的问题的分析中，已经明确指出，考核标准不合理和评价有失公正是高校现存考评制度存在的主要问题，因此，要提高教师对学校的满意度，增强他们对学校的向心力，就应该建立公平考评制度。首先，设置客观、明确的考评标准。要在教师中进行充分的调查研究，在对考评对象的工作性质、工作特点、工作内容深刻认识的基础上，按照学校对教师目标管理的要求，设置考评标准，特别是为教师确定的工作考评标准与业绩要求应该是教师通过努力可以达到的；其次，选择科学、合理的考评方法。教师考评既要正视、考虑教师工作性质、任务和岗位的不同，制定多样化的考评指标；同时又要承认教师本身的差异性，制定灵活性的考评指标，避免用整齐、统一、僵化的考评指标考评教师，使每位教师都得到公正的评价，提高其对考评的满意度；再次，坚持考评的公平、公正性。20 世纪 60 年代亚当斯提出了公平理论，指出人们在感觉不公平时的反应是忍耐、要求赔偿、报复、合理化和退缩。根据程序公正理论，教师不仅追求考评结果的公正，而且追求程序与步骤的公正，并且程序公正会提升教师的满意度、工作积极性和工作绩效。可见，高校教师感受到的考评的公平、公正性会直接影响其对学校的满意程度和向心力。因此，高校考评要坚持公平、公正性，遵循"金鱼缸"法则。"金鱼缸"法则是指金鱼缸是玻璃做的，透明度很高，不论从哪个角度观察，里面的情况都一清二楚，在教师考评中这样做，可以提高考评的透明度，努力做到公正、合理、客观地考评教师。

四、构建优美、舒适和积极向上的校园文化

（一）构建优美、舒适的校园物质环境

环境心理学研究表明，外部环境会对人的行为产生影响。工作的物理环境是工作满意度的重要因素。研究证实，员工对工作场所的物理环境——温度、湿度、噪声、安全等满意与否，会影响其工作满意度。因此，要使教师对学校生活满意，产生舒适感，表现出有利于学校的行为，提高学校的凝聚力，就应该建设优美、舒适的校园物质环境。首先，要合理设计校园布局。校园布局要依托原有的自然环境，如山坡、河流、丛林等，在布局上兼容各种功能场所，如休息、娱乐的场所、供人静思的场所、群体活动的场所、个人独处的场所……做到布局合理，功能分区适当，自然环境和人文环境和谐；其次，要合理地规划校园绿化环境。要充分利用美学知识，在绿化布局上做到点、线、面结合，平面立体结合；开展乔、灌、地被植物、草坪相结合的立体绿化，加强垂直绿化、室内绿化、屋顶绿化等绿化薄弱环节的建设，对校内道路、活动场所以及绿化区进行统一规划，力求使校园环境"春有花、夏有荫、秋有果、冬有绿"。

（二）构建人文关怀的制度文化环境

人是有感情的，也有强烈的情感需要。群体对每位成员的亲切关心，将会增强群体成员的向心力。因此，增强高校的凝聚力，校园制度文化建设必须坚持以人为本，实现人文关怀。生活上，要在政策允许范围内，积极建立教师生活保障制度，帮助教师解决好子女上学、就业、就医、住房等实际困难，消除他们的后顾之忧，使他们全身心地投入学校的工作。在工作中，要充分关照教师，创建合理的用人制度，让教师都有最适合的工作任务，并能最大限度地发挥自己的智慧和潜能。成长发展上，既要为教师专业或学术发展创造条件，又要为有管理才能并愿意参与管理的教师创造条件，完善干部考察、考核制度，营造公平、公开、公正、竞争、择优的氛围，让教师进入管理层，参与学校管理。

（三）构建积极向上的校园精神文化环境

校园精神文化是校园文化的灵魂和核心，同时也是校园文化的最高层次，是形成物质文化和制度文化的基础。因此，无论是校园物质环境建设还是制度文化环境建设都应该将校园的精神文化融入其中，让教师们时刻感受到校园精神，从而对他们的心理产生影响，增强他们对学校的向心力。具体可从以下几方面入手：首先，学校管理者要树立正确的观念，要认识到校园的物质文化与制度文化最终都要反映校园的精神内涵，因此，校园的物质环境建设与制度文化环境建设应该充分体现校园精神；其次，选择正确的校园价值观。选择校园价值观要立足于本校的特点和实际，体现学校的办学宗旨、管理战略和发展方向，发挥教师的参与积极性，广泛听取教师的意见，经过自上而下和自下而上的多次反复，审慎筛选出既符合本校特色又反映教师心声的校园价值观；再次，树立正确的舆论导向。无论是在宣传教育、理论研究，还是在制定政策的过程中，都要充分体现、发扬、激励催人向上、健康而富有生机的精神，既应利用校园内的各种传播媒介和宣传工具，大力宣传学校的价值目标和行为准则，伸张正义，抑制歪风；又要对自发的舆论作出理智的审视，合理的予以支持，不合理的予以引导；最后，发挥学校领导的榜样作用。学校的各级领导是学校精神的集中体现者。要有效地培育学校精神，就要发挥领导的榜样作用，领导应该是学校文化和精神的楷模，率先实践学校精神，以身作则，用自己的模范行为对教师产生潜移默化的影响。

五、提升管理者魅力和运用恰当的管理方式

（一）提升管理者魅力

魅力性领导者是受员工喜爱并能带来更理想管理效果的领导者，高校管理者要提高自己对教师的影响力和吸引力，就应该通过强化自己的威望性或自然性影响力即完善品格、丰富知识、培养能力、运用情感等来提升自身的魅力，以魅力来凝聚人心。一方面，以"德"树"威"。管理者不能"正己"，就很难"正人"。因此，管理者要自觉加强德的修养，完善品格，正确对待和使用手中的权力，树立公仆意识、服务意识。要树立正确的权力观，认识到权力是用来为学校谋利益，绝不能把权力私有化、商品化，更不可谋个人私利。特别是在职称晋升、报酬分配、各类评奖等事项中，更要严格自律。要树立"领导就是服务"的思想，深怀为民之心，恪守为民之责，善思为民之策，大兴为民之举，举办利民之事，以带领全体职工兴学校、谋发展为己任，忠于职守，求真务实，埋头苦干，无私奉献。要对教师一视同仁，不分亲疏，公正地对待每位教师。另一方面，拥有较高的学识与才华。知识和才华是形成凝聚力的客观基础。学校是知识分子云集的场所，知识分子最佩服的是有学识和才华的人。作为管理者只有具有广博的知识和卓越的管理才能及其他特长，才能赢得作为知识分子的教师的承认和钦佩。这就要求管理者不断地加强学习，既要学习文化科学知识，精通专业技术；又要学理论，提高政策理论水平，做到讲党性、懂政策；还要学管理，掌握丰富全面的管理知识，提高经营管理水平，具备高超的管理能力。再一方面，以情感人。人是有感情的，教师的情感需要特别强烈，因而，管理者要通过对教师的情感关怀，使教师感受到温暖和亲切，产生相互吸引力，凝聚在一起。

（二）运用恰当的管理方式

知识型员工排在前五位的激励因素是工资报酬与奖励、个人成长与发展、有挑战性的工作、组织的前途、工作保障和稳定，作为知识型员工的高校教师，自然具有类似的特点，这就要求高校管理者采取恰当管理方式。首先，要运用参与管理。参与管理是员工自我实现的需要，可以提供工作的内在奖赏，提高员工的工作满足度，因而被认为是提高士气和生产效率的灵丹妙药。与此同时，高校"是教师和学者集中的地方，在很大程度上等同于教师"。据此，高校要调动教师的主观能动性，激发教师的潜能，使教师充分显示自己的才能和智慧，提高教师对学校的满意度，增强学校对教师的吸引力，就应该坚持教师参与管理。领导者在决定关涉学校发展和教师利益的重大事项，如办学目标、学科发展、专业建设和教师职称晋升、考核、薪酬分配时，应

该要广泛征求教师的意见，让他们参与讨论，一起决策；其次，要运用人本管理。根据梅约的社会人理论，人不仅有物质需要，更有社会心理需要，管理者不应只注意工作、完成工作任务，而应把重点放在关心人、满足人的社会心理需要上。美国俄亥俄州立大学斯托尔区分了关心人和抓工作两种管理方式，密歇根大学的研究表明，员工取向即关心人的领导方式较生产取向即抓工作的领导方式给员工带来更高的满足度和绩效。但是，在现有的管理中，管理者往往重视抓工作，忽视关心人，在高校管理中也存在这种问题。因此，高校要运用人本管理。所谓人本管理就是指通过不只看重工作、更要关注关心教师实现管理，也就是管理者不应该只注重工作目标的实现和工作任务的完成，而要关注教师的社会心理需要，关注教师的情感，通过与教师情感上的沟通和交流，建立良好的人际关系，使教师产生愉悦的情绪，从而心情舒畅地工作，提高工作效率，完成工作任务。运用人本管理还要根据教师的工作成熟度（知识、能力、经验）和心理成熟度（工作动机、意愿、责任感），采用适合的管理方式，既提高教师的心理成熟度，又提高他们的工作成熟度，使他们真正体验到成功时的满足感，热爱学校，献身教育事业。

六、形成融洽的人际关系

（一）形成教师与管理者之间融洽的人际关系

一方面，管理者必须树立牢固的服务意识，平等待人，绝不可高高在上，盛气凌人。要一身正气，公正处事，绝不可持双重标准。要敢于负责，对下属的过错自己也要主动承担领导责任，绝不可以推过揽功。要发挥榜样作用，处处以身作则，严于律己；另一方面，作为被管理者的教师必须正确地对待管理者，服从和支持管理者的工作。要打破"完人"观念。对管理者要有适度、合理的期望值，对管理者在工作中出现的缺点和失误，要真心实意地帮助，抱着对工作负责、与人为善的态度予以指出。遇到困难和挫折时，应从大局着眼，放宽气量，讲究分寸，不要故意为难管理者，要学会说服管理者；再一方面，管理者和教师必须积极主动地沟通。对话或沟通虽是人类生存的一种方式，但已经成了现代社会人类"缺失的技能"，高校教师与管理者沟通少甚至不沟通的问题也十分突出。鉴于沟通可以有效增进管理者和被管理者的了解和情感交流，协调彼此的关系，消除被管理者的怨气或不满，学校要营造良好的沟通氛围与建立畅通的沟通渠道，让管理者和教师直接沟通；作为管理者，必须拥有大度的胸怀，听得进意见；作为教师，要有勇于说实话的勇气，克服畏惧心理，积极主动地与管理者进行交流。通过沟通交流，管理者和教师成为朋友和知己，合作协调，共同为学校发展做贡献。

（二）形成教师之间融洽的人际关系

教师之间的关系处理得好,不仅有助于教师自身的发展,而且还有助于高校凝聚力的提高。教师之间形成和谐、融洽的人际关系,首先要互相尊重。教师既要尊重与自己感情较好、观点相近的同事,同时也要尊重与自己联系较少、观点相左的同事。要抱着虚心的态度,从学校发展目标出发,求大同,讲究群体意识,互相尊重,团结合作。其次,要摒弃"文人相轻"的思想。教师既要正确评价自己,也要全面、客观评价他人,要注意克服自傲、妒忌的心态。当发生矛盾冲突时,要宽容大度,虚怀若谷;再次,要互相主动交流。人的感情是在多次的交往、交流中培养出来的。教师之间经常交流有利于彼此之间形成共同的认识,有利于让彼此之间感受到对方的关怀,从而有利于拉近教师之间的距离,形成融洽的人际关系。

（三）形成教师与学生之间融洽的人际关系

一方面,形成教师与学生之间融洽的人际关系需要教师与学生的共同努力。教师应该尊重学生,热爱学生,关心学生。尊重学生就是要尊重学生的自尊心,尊重学生的人格,尊重学生的个性、尊重学生的选择以及尊重学生的创造性。热爱学生,关心学生,就是要主动积极地去了解学生,努力做学生的知心朋友,克服对学生的偏见,以发展的眼光看待学生。教师应该敢于承认错误,以理服人,取信于人,做学生的表率;另一方面,形成教师与学生之间融洽的人际关系需要学生的努力。学生应该尊重教师,尊重教师的劳动,服从教师的管理;再一方面,形成教师与学生之间融洽的人际关系需要教师与学生的相互理解。师生双方应努力从对方的角度,设身处地地体会对方的情感、态度和需要,消除矛盾与冲突,注重合作与协调,相互关心,共同提高,增强彼此的吸引力。

第五章 缓解高校教师的职业压力

第一节 高校教师职业压力的现状与影响

一、高校教师职业压力的现状

（一）高校教师职业压力总体现状

1998 年，南京大学的研究人员对全国 72 所高校的教师进行调查发现，94.6% 的教师感到有精神压力，其中，35.6% 的教师表示压力很大。

2002 年广东省教育工会对全省 19 所高校 8417 名教师健康状况的抽样调查显示，69.18% 的教师处于亚健康状态，在亚健康人群中，又有约 1/3 至 1/2 的人属于重度亚健康，即处于疾病边缘状态。

2003 年，潘欣等对西安交通高校教师进行的调查显示，80% 的教师的职业压力太大，75% 的教师长期处在一种慢性疲劳的亚健康状态，而有 1/3 以上的教师出现明显的生理反应。

2004 年，孔明对我国 255 名高校教师进行问卷调查的结果显示，有 98% 的高校教师感到存在职业压力，有 44.3% 的高校教师将压力评定为大或极大。

2004 年，据中国人力资源开发网发布的中国第一份"工作倦怠指数调查报告"显示，在 15 个行业的倦怠指数调查中，高校教师的倦怠程度仅低于公务员和物流从业人员，居第三位。

2005 年，中国教师职业压力和心理健康调查显示，82.2% 的教师感觉压力大，近30% 的教师存在严重的工作倦怠，近 90% 的教师存在一定的工作倦怠，超过 60% 的教师对工作不满意。

2005 年，由中国人民大学公共管理学院组织、与人力资源研究所和新浪教育频道联合启动的一项 8000 人参与的调查显示，82.2% 的教师反映压力大。

2005 年，张桂华对哈尔滨市高校教师调查表明，62.5% 的教师觉得精神压力很大，81.7% 的教师总感到身心劳累不堪，但总结时又想不出自己干了什么；在英年早逝的教师中,78%生前曾有着比较明显的心理疾患。

2005年,李虹的研究发现,高校教师的工作压力强度总体不高,84%报告工作压力不大,另外,16%报告工作压力大。

2006年,《劳动报》报道,近80%的教师感觉压力太大,34.6%的教师反映压力非常大,47.6%的教师反映压力比较大,只有28.8%的教师心理健康状况比较好。

2006年的一项研究表明,绝大多数高校教师都感受到精神压力,而且三分之一以上教师感觉精神压力非常大;精神所受的负面压力是影响高校教师身心健康的主要原因。

2006年,刘春平对海南省高校教师职业压力的调查发现,40%的高校教师认为自己压力较大,26%的高校教师认为自己的压力极大,合计高达总数的66%,远高于国外的研究所发现的教师职业压力程度,仅有8%的高校教师认为自己没有压力。

2007年,汪泳对吉林省五所高校228名教师的调查表明,自觉压力较大的教师占35.09%,自觉压力很大的教师占7.02%。

2008年,崔岐恩研究了陕西省8所高校591名教师的职业压力的强度,结果发现,近61.2%的高校教师认为自己面临着较大的职业压力。

2008年,宗晓晓等220名浙江省高校教师的研究发现,高校教师压力偏高,其中,21.36%的高校教师表现出中等严重程度以上的焦虑症状。

2008年,高贵如等针对高校教师压力的相关问题,对634名高校教师进行随机调查,75.4%的人觉得自己压力很大,82.5%的人认为自己正经历着不同程度的心理疲劳。

2010年,金南顺、周春利对全国部属、省属及地方16所高校不同层次的513名教师(有效问卷363)进行问卷调查发现,承受很大与较大工作压力的教师占总体的72.7%,而承受很小工作压力的高校教师仅1人,其中,压力来源主要是与高校教师这一职业高度相关的工作本身、职业发展、学校因素,说明高校教师的职业压力较大。

由以上结果不难看出,无论是从全国性的调查结果还是从不同省市地区的调查结果看,抑或从学校的调查结果看,也不论不同性别的教师,还是不同年龄、学历、职称的教师,都有职业压力且职业压力程度较高,已经对其工作生活和身心健康带来了不良影响。充分说明我国高校教师存在比较高的职业压力,教师职业是高压力职业。

（二）高校教师职业压力程度

1. 不同性别高校教师职业压力程度

不同性别的高校教师的职业压力是否存在差异呢？请看研究成果。靳娟对北京两所高校的 320 名教师的调查结论是：男性教师的压力显著大于女性教师。但崔岐恩对陕西 8 所高校 591 名教师的调查结果则相反，即女性教师在工作负荷方面压力显著高于男性；汪泳对吉林省五所高校 228 名教师的调查也得到了类似结果，他发现，女教师压力较大。尹平等对武汉市三所教育部直属综合性大学的调查结果显示：男女教师总体压力相当。刘英爽在高校教师工作压力、控制点及其与工作绩效的关系研究中对高校教师的压力进行性别分类讨论时发现：在科研活动对个体压力的影响方面男性教师与女性教师没有出现显著差异（P>0.05）；在组织结构、科研条件与要求、角色压力三方面女性教师的压力明显低于男性教师。刘春平对海南省高校教师职业压力的调查表明，高校教师职业压力在性别上的多元方差分析无统计学意义。综合分析现有的调查结果，就职业压力程度而言，虽然结论不尽相同，但从总体上说，不同性别高校教师的职业压力差异不大。在某些方面男教师比女教师职业压力大；而在另一些方面女教师比男教师职业压力大。我们认为，这是因为在高校，男女教师都存在学历的竞争、职称与职位的竞争、教学和科研的竞争，因而，必然表现出同样多的工作压力；男性教师比女性教师职业压力大或许是因为男性教师在工作中的成就动机较女性教师更强烈；女性教师比男性教师职业压力大可能是由于生活中的她们更要担负起操持家务、照顾丈夫、教育孩子的重任，为了在高校中站稳脚跟，在某一领域取得成绩，她们必须在教学与科研等诸多领域付出大量精力。

2. 不同年龄高校教师职业压力程度

有研究者将高校教师年龄分为 25～40 岁、41～50 岁及 50 岁以上三个阶段，调查结果表明，随着年龄的递增，在工资待遇以及职称评定等方面越来越趋于稳定，竞争压力呈现出递减的趋势。在自我期望压力方面，以 40 岁为临界点，随着年龄的递增先增大后减小。总体而言，青中年教师面临更大的压力；25～40 岁年龄段的教师工作压力最大；50 岁以上的教师压力感受明显低于其他年龄阶段的教师。尹平发现，40 岁以下的青年教师压力明显更大。在我们看来，40 岁及以下的青年教师压力除了源于经济要求、子女教育、家庭责任方面外，来自社会因素、学校管理及制度、个人职业发展、人际关系、工作负荷、学生方面和个人特质方面的压力均比 40 岁以上的教师明显要高。青中年教师有更大职业压力是因为他们面临发展和成长愿望、自我能力、外在条件三者之间的冲突。刚步入社会，青中年教师存在对工作环境的适应及建立人际关系等问题，同时相对缺乏教育教学经验，科研能力不足，加上他们往往对自身的期望更高，得到的社会支持却相对较少，一旦工作中出现问题，他们更可能感受到不能胜任感和挫折感，遂易产生职业压力。而50岁以上的高校教师职业压力感更低是由于他们一般通过前些年的努力，已经培养出较强的工作能力，并取得了一些成就，如职称、地位、荣誉等，工作对他们已不构成挑战或威胁。

3. 不同职称高校教师职业压力程度

崔岐恩的研究发现不同职称教师压力状况。在教授中，感到有低度和高度职业压力的分别占24.8%和8.5%，感到有中度压力的占66.7%；在副教授中，感到有低度和高度职业压力的分别占34%和14%，感到有中度压力的占52%；在讲师中，感到有低度和高度职业压力的分别占28%和26%，感到有中度压力的占47.4%；在助教中，感到有低度和高度职业压力的分别占28.7%和20.7%，感到有中度压力的占50.6%；在所有教师中，感到有低度和高度职业压力的分别占25.2%和22.8%，感到有中度压力的占52%。尹平的调查结果显示：助教和讲师的压力感受要比副教授和教授高，助教来自社会因素和学生方面问题的压力比讲师、副教授、教授高，而讲师来自学校管理及制度、个人职业发展和个人特质方面的压力比副教授、教授高得多。汪泳调查发现，从职称结构上看，讲师职业压力感较大。综合分析显示，高校教师职业压力体现在职称上是"两头小，中间大"，即中级职称和副高职称教师的职业压力显著高于初级职称和正高职称教师。其压力因子主要是科研，助教尚没有体验到科研的压力，教授已过了科研压力期，而讲师、副教授因晋升需要比助教、教授面临更大的科研压力，这也许是导致这种状况的原因。

（三）高校教师职业压力类型

有学者研究发现，高校教师的工作压力主要包括工作保障压力、教学保障压力、人际关系压力、工作负荷压力和工作无乐趣压力。有学者在综述中指出，国内外学者认为高校教师职业压力主要因工作负荷过重、人际关系紧张、社会期望过高、政策调整过快和个人感受过强等而产生。我们认为，与高校的主要职能——教学、科研和社会服务相对应，高校教师的职业压力主要是在教学、科研和社会服务中产生以及学校管理向他们施加的压力，即教学压力、科研压力、社会服务压力以及被学校管理压力。

1. 教学压力

高校的基本任务是培养出高质量的人才，教学是教师的中心工作和首要学术职责。教学或培养人才"不仅在于传道、授业、解惑，还要帮助学生立德、立志。"而要完成好这一任务并非易事，需要教师付出很多很多。教学绝不仅仅是向学生传授知识，也不仅仅是复述和介绍既有的研究成果，而应当培养学生的能力，使学生掌握学习的方法，应当在既有的知识体系和研究成果的基础上加以补充和超越，这正如著名语言学家王力先生曾说的那样："高校教师不是买书教学生，而是写书教学生。"因此，与其他行业相比，高校教师的教学表现出较强的学术性和创造性。另一方面，高校教师的教学对象是本科生和研究生，他们经过多年的学习，已经有良好的知识背景，加上他们对新知识、新技能有强烈的渴求，这向教师提出了更高的要求。教师必须不断地提升自己的教学水平和科研能力，加快知识的更新，以满足教学需要的挑战，只有能迎接挑战，提高自己，才能完成教学任务；再一方面，学生群体的变化，挑战教师的教学能力。随着高等教育规模扩大，高中毕业生升入高等教育机构的比例大大增加，意味着今天中国高校的大学生，学习基础与学习能力差异增大。精英型高校仍然坚持较高的录取率，这个问题还不是十分明显。而大量的一般本科以及高职高专，学生学习能力的差异程度开始增大。要保证教学质量，高校教师必须不断地提高自身的专业水平和教学技能。加之处于现在这个科技飞速发展的社会，学生的视野和掌握的知识甚至比教师宽广和丰富，他们有了互联网这一高效获取信息的渠道，可以自己在网络中找到自己所需要的，这使得教师的知识积淀不再具有明显的优势，而学生对新信息的快速获取和掌握对他们又构成极大的挑战。教师对学生的影响力大大降低，必然会动摇传统的教师地位。教师的教学角色必须适应变化，在教学中如何变化自己的角色，完成教学任务，是教师高度关注并感到困难的；最后，在高等教育大众化后，学生在社会背景、家庭出身、文化传统和价值观等方面的差异性更大了，知识、能力、学习基础等方面的差异性越来越大了，理想、志向、性格、气质以及学习兴趣、学习需要、学习动机、学习风格、学习方法等的差异性也越来越大。马丁·特罗教授曾描述了高等教育规模扩张使学生多样化、差异性增加的现实。他说，扩张使"非传统类学生的数量增长"，"这些学生的特征是成年、在职、业余时间学习，目的在于能受雇于快速增长的半专业和知识产业"，他们"主要偏向于获取有用的技能和知识"，据此，他明确指出："数量增长已引发了许多问题"，"使大学教授面临具有多样性倾向与多样性学术潜能的新型学生所构成的挑战。"在这种情况下，教师如何根据学生的差异进行教学，自然是严峻的挑战。

2. 科研压力

大学是致力于学术和科研的中心，大学区别于其他社会组织的特殊性就在于学术性。"不言而喻，在获取与改良技术方面大学必须站在每一个社会的中心，大学之所以必须推动这一进程是因为大学一直是新知识的提供者与新技术的传播者。"显然,科研工作作为高校的一项基本任务,同时也是高校教师工作的组成部分,高校教师都肩负着科研职责。一所高校的发展潜力和发展前景在一定程度上是通过其科研能力和成果来加以体现的。因此,一方面,为了提高学校的竞争力和知名度,学校会向教师提出很高的要求,尤其是在高水平的研究型大学,会有一些硬性的指标规定,要求教师在规定的时间内出高水平的科研成果,如果达不到相应的要求,就会直接影响到他们的职称评定、评价、考核。因此,教师在完成教学任务的同时,也必须肩负相应的科研职责,完成相应的科研任务,这就使教师产生了科研压力;另一方面,科研工作本身是知识的生产和创新,是一项长期艰苦的复杂脑力劳动过程,具有劳动时间长、劳动付出量大且劳动过程中有许多不稳定因素、劳动成果不可预知等特点。一项真正有价值的学术成果常常需要几年、几十年,甚至几代人的艰苦努力才能获得。而当前我国高校教师科研评价的目标表现出急功近利的倾向,促使教师拼命地去争取课题、发表论文、出版著作、获取成果等。研究证明,教师们觉得职业压力大主要是来自科研方面。可以说,在某种意义上,科研压力是高校教师面临的最大压力。

3. 社会服务压力

随着高等教育事业的发展,高等院校功能和作用也发生了相应的变化,为社会服务是现代高等院校不可忽视的职能。与此同时,传统大学中纯学者的教师形象也发生了重大转变,这就要求高校教师帮助高校完成社会服务的职责,对自己的职业的工作内容重新进行界定,肩负起社会服务的职责。然而,高校教师到底该如何走出课堂,积极参与社会,把理论知识运用于社会实践,解决实际问题,对不少教师来说,的确是新要求和严峻挑战,给他们造成了压力。

4. 被管理压力

学校管理给高校教师带来的职业压力主要是教师工作成果不可预知性和难以衡量性与管理刚性的冲突造成的。一方面,高校教师的工作成果很难用固定的标准衡量。高校教师教学的最终工作成果主要体现在"学生进步与发展"上,也就是人才培养质量上。但是,学生的质量本身很难量化,即使简单地把学生的质量简化为学习成绩,由于诸多因素的限制,也很难衡量;另一方面,高校教师科研的最大特点是不可预期性,科研工作的进行无法预先设定时间表,有很多不确定因素,科研成果的取得也有很多不可控制和预知的因素,但学校管理往往向教师的科研提出确定的刚性要求,使教师倍感压力。虽然科研成果表现为论文的数量与质量、科研项目的经费与学术价值,相对更为具体,但科研成果的真正科学价值是很难量化评价的。另外,科研工作成果的显现具有明显的滞后性，高校教师的大部分科研成果的理论价值和实践价值不是立刻就可以显现出来的；高校教师教学的成败、优劣也不是一下子就可以看出来的，学生的全面转变并不是一个简单的过程，不是靠今天的施教就能实现明天的转变，而是在他们经历过这段大学学习生活以后步入社会，用工作中的表现和对社会的贡献逐渐体现出来。这就不能用简单的评价方法，但学校管理却往往对教师的教学和科研采取一刀切的方法，注重立竿见影，这不能不使教师产生压力。研究发现，从学校管理及制度、职业发展、人际关系、工作负荷、工作有无保障、工作无乐趣及学生给教师带来的职业压力看，学校管理及制度、职业发展、工作负荷是高校教师感受到压力明显高于其他方面的压力。

（四）高校教师职业压力特点

1. 高校教师职业压力普遍性

高校教师职业压力普遍性是指所有教师都存在职业压力，职业压力普遍产生在高校教师身上。这已被前面引用的很多调查结果所证明。职业压力感普遍存在于不同性别、职称、学历和专业背景的教师身上。例如，"2005 年中国教师职业压力和心理健康调查"显示，82.2% 教师感觉压力大，近 30% 的教师存在严重的工作倦怠，近90% 的教师存在一定的工作倦怠，超过 60% 的教师对工作不满意。南京大学的研究人员对全国 72 所高校的教师进行调查，发现 94.6% 的教师感到有精神压力，其中，35.6% 的教师表示压力很大。

2. 高校教师职业压力差异性

高校教师职业压力差异性是指不同教师的职业压力不同，表现出差异性。教师本身的差异与对压力情境或事件威胁性的认知评估以及对自己应对威胁性情境或事件能力的认知评估是这种差异性产生的根本原因。比如，前面指出的那样，这种差异性主要体现在如下方面：第一，不同性别的教师职业压力存在差异。靳娟对北京两所高校的 320 名教师的调查发现，男性教师的压力显著大于女性教师，崔岐恩对陕西八所高校 591 名教师的调查则发现，女性教师在工作负荷方面压力显著高于男性；第二，不同年龄阶段的教师职业压力存在差异。把年龄分为 25～40 岁、41～50 岁及50 岁以上三个阶段，25～40 岁的高校教师职业压力明显比 41～50 岁的教师压力大，41～50 岁的教师明显比 50 多以上的教师压力大；第三，不同职称的教师的压力存在差异，其中，讲师感受到的压力最大，而教授的压力最小。

3. 高校教师职业压力阶段性

高校教师职业压力阶段性是指处在职业生涯不同发展阶段的高校教师，职业压力的类型、强度可能有其特点,表现出阶段性。例如,新教师要适应高校教学的需要,教学提高的职业压力就比较突出;在成为一名合格的教师后,如何开展科研、研究出高水平的成果,就成为教师新的追求,此阶段科研压力比较突出;在培养了科研能力,有了科研成果之后,怎样实现成果的转化或应用,解决实际问题,为工农业生产和社会生活服务,自然是高校教师面临的当务之急,因而,出现社会服务的压力。

4.高校教师职业压力动力性

高校教师职业压力动力性是指职业压力既会影响教师的身心健康,同时也会推动或妨碍教师的工作,影响他们的工作满意度和工作绩效。这一点将在下文中详细论述。

5.高校教师职业压力是慢性压力

有学者发现,高校教师的主要职业压力来自慢性压力源而非急性压力源,其职业压力主要表现为慢性压力,而不是急性压力,并且这种压力的强度不很高,有84%的教师报告职业压力不大,只有16%的教师报告工作压力大。一般来说,慢性压力对人们作用的方式是以其持久性而不是强烈性。西方研究表明,对人们的身心最具破坏力的压力并非急性压力而是这种持续不断的慢性压力。但由于教师没有意识到慢性压力对其的影响,且又只有少数教师报告有职业压力,因此,他们往往忽视对其最具破坏力的职业压力——慢性压力。

二、高校教师职业压力的影响

心理学研究表明,适度的心理压力能成为教师活动的动力,能引起教师的积极反应,能激发教师奋进、更敏捷地思考、更勤奋地学习与工作,并增强教师的自尊心和自信心。而过大的心理压力则可能引起教师生理上、心理上、行为上的消极反应,这种反应主要表现为:情绪低落、心理不健全;消极行为增多;生理疾病增多,损害身体健康。调查结果显示,职业压力对高校教师的消极影响要大于积极影响。

（一）高校教师适度职业压力的积极影响

1.对生理的积极影响

从压力对人体生理健康的影响来看,高校教师的适度职业压力有利于其生理健康,具体表现为,提升其机体免疫机能,增强对细菌、病菌的抵抗能力,减少疾病的产生;促使机体产生一系列积极的生理反应,用充沛的生理能量来应付内外环境变化对机体产生的不良影响,使机体维持健康状态;促使机体的食欲、睡眠、心血管活动、神经活动、内分泌等各项生理功能正常,不因生理功能紊乱而出现生理疾病和生理、心理疾病,有利于健康。

2. 对心理的积极影响

高校教师适度的职业压力对其心理健康也有积极的意义。一方面,会使其心境良好,出现快乐、幸福、满足等积极情绪状态,心情舒畅,而较少有焦虑、痛苦、烦恼、不满等消极情绪体验;另一方面,根据情绪影响认知的原理,心情舒畅会使其认知功能和其他心理功能更好发挥,对自己充满信心,正确认识自己的认知功能和其他心理功能,并使其最大限度地发挥;再一方面,满意、心情舒畅会使其心理健康,没有心理异常。

3. 对工作的积极影响

正如高校教师适度职业压力对生理、心理会产生积极影响那样,也恰似夏蒙和杰克逊(Schamer & Jackson)指出的"人们需要一定数量的压力去保持其工作的有效性"那样,高校教师适度的职业压力也可以对工作产生积极影响。一方面,适度的职业压力是使高校教师产生工作积极性的动因。根据人本主义心理学家的理论,要求工作或环境富于变化、刺激性和挑战性是人的基本需要之一。一定压力的工作会调动高校教师的工作自主性和积极性,激发其工作热情和自身潜力,发挥其心理潜能,以适应更高的要求,追求更远的目标,也使工作绩效达到最佳状态。研究经验也表明,高校许多优秀教师的成功或成就往往与这种适度的压力有密切的关系。著名的"鲇鱼效应"也是典型的说明。据说挪威人捕捞沙丁鱼时,为了提高沙丁鱼的存活率,通常在放沙丁鱼的槽中放几条鲇鱼,鲇鱼是沙丁鱼的天敌,沙丁鱼为了躲避鲇鱼的攻击,必须拼命游动以逃脱,从而存活下来。这种逃避攻击的压力,是沙丁鱼生存的动力;另一方面,适度的职业压力可以使高校教师保持警觉与活力,集中精力,提高忍耐力,减少错误的发生。相反,在没有压力的情况下,教师可能缺乏工作的动力,精神状态不佳,没有足够的唤醒水平,也不会努力投入工作,因而工作绩效不高;再一方面,适度的职业压力可以推动教师个人职业生涯的发展。因为适度的职业压力不仅不会使教师对工作产生抵抗、抵触心理,还会使他们主动地接纳、衷心地热爱自己的工作,并会将教师职业作为自己一生的最佳选择,努力去做好工作,实现职业成功。

(二)高校教师过度职业压力的消极影响

古语说得好,"生于忧患,死于安乐"。前面也论述了适度的职业压力会产生积极影响,使人生理平衡、心理健康、工作奋进。然而不管怎样,正如特瑞(Terry)所指出的那样,"即使压力有好坏之分,但还是很少有人会认为压力是一种愉快的情绪体验。"研究结果显示，教师压力与其身心健康之间有密切关系，教师压力能预测教师身心健康。美国学者迈纳（J.B.Miner）和布鲁尔（J.F.Brewer）、英国学者哈格里夫斯（D Hargreaves）分别指出，长期的工作压力会造成情绪失常和情感疲倦。蒙特罗（Monteiro）认为，压力是致病的关键，40%～50%的疾病与压力有关，工作压力将造成个人生理、心理和行为的困扰，即教师工作压力对教师产生消极作用，主要表现在生理、心理和工作方面。压力对个体的不良影响按压力作用于个体的时间可分为在突发情况下的影响和长期压力下的影响，本研究重点讨论第二种情况即高校教师长期处于高压力状态下的消极影响。

1. 对生理的消极影响

职业压力导致的主要生理症状如下：心率加快，血压升高；肾上腺激素和去甲肾上腺激素分泌增多；肠胃失调，如胃溃疡和十二指肠溃疡；身体瘦；身体疲劳；心脏疾病；呼吸问题；汗流量增加；皮肤功能失调；头痛；癌症；肌肉紧张；睡眠不好；死亡。心理学研究发现，人类的疾病有一半与压力有关。压力的生理反应可分为两种：一种是在突发情况下的反应；另一种长期处在压力下所产生的反应。

高校教师的过度职业压力，首先会影响生理健康。在压力状态下人们的生理反应最初主要表现为植物神经系统和内分泌系统的变化。首先，在压力刺激导致的压力状态下，人体神经系统中的交感神经活动增强，它会动员、动用机体潜能，立即采取行动，应付压力刺激。一方面促使心血管系统机能迅速变化，血液循环加快；另一方面促使肾上腺髓质分泌儿茶酚胺来增强代谢过程。此时，心跳加快，脾脏收缩，肝脏释放糖原并转化为葡萄糖。皮肤和内脏血管收缩，使肌肉和大脑有充分的血液供应；呼吸加快，支气管扩张，加快血氧置换速度，血凝速度加快，使危急情况下供血减少；其次，在压力刺激导致的压力状态下，神经内分泌系统也参与该活动。除肾上腺髓质系统的作用外，肾上腺皮质系统分泌的糖皮质激素和盐皮质激素也参与应对压力刺激的反应。它们为应付压力刺激而升高血糖、储备能量和调节盐与水的代谢。在压力刺激导致的压力状态下，血管紧张素、甲状腺素、生长素以及性腺激素等也会发生相应变化。通过这些生理上的变化，人体可以有效缓解压力对其造成的直接伤害。但是，如果个体长期处于这种压力状态，将导致神经系统、内分泌系统功能或活动的紊乱。同样，高校教师如果长期处在过度的压力下，过度地动用生理能量，神经系统、内分泌系统功能或活动就会出现紊乱，生理平衡被破坏，长期持续下去，导致其能量进入耗竭阶段，出现病理表现，其主要症状为：身体免疫功能降低，缺乏活力、身体虚弱、容易感冒、对疾病的抵抗能力较差；整日感到精力不济与疲劳，失眠，有时会伴随长期性头痛、胃肠功能失调与不适、心跳加快等,甚至会出现更严重的生理疾病。职业压力还会造成一系列的与职业压力有明显关系的身心疾病,如高血压、冠心病、脑中风、消化性溃疡、支气管哮喘、糖尿病、肥胖症、斑秃、类风湿性关节炎等,也可能产生某些免疫性疾病,甚至出现各种癌症和各种神经功能症。

由于职业压力对于生理的消极影响是一个内隐、滞后、缓慢、持续和长期的过程,所以对于压力对生理的消极影响,绝大多数教师不会像感知天气或情绪那样明显,很少有人把生理疾病直接归因于压力大。潘欣等研究显示,80%的教师长期感到职业压力大,75%的教师长期处在一种慢性疲劳的亚健康状态,出现明显的生理反应,46%的教师经常失眠,35%的教师记忆明显减退。段(Dim)对高校教师的工作压力研究表明,工作压力更大的教师更多出现了感染、头痛、呼吸系统疾病、痛症等身体上的疾病。长期过度的职业压力会加速机体的老化,导致身心功能失调,产生疾病。尹桂荣指出,持续时间长的超强压力对人体有害,导致血压升高、呼吸困难、肌肉紧张,肠胃功能紊乱等疾病。暨南大学、中山大学、广东外语外贸大学等高校问卷调查结果显示,广东高校教师不同程度健康状态比率分别是:健康占10.40%,亚健康占69.18%,疾病状态占20.42%。问卷调查表明,教师的亚健康状态随着年龄、性别、学历、职称的不同可大致分为四种类型:一是亚健康状态以30~40岁的教师发病率最高;二是男教工健康状况不如女教工,但女性重度亚健康发病率高于男性;三是学历为本科人群的健康率较低,为7.36%,患病率比较高,为25.04%;而高学历人群如博士的健康比率比较高,为9.11%,患病比率比较低,为18.44%;四是随着职称提高,健康者和亚健康者的比率明显降低,患病率却明显提高。

2. 对心理的消极影响

职业压力产生的典型的心理症状主要有:焦虑、紧张、迷惑和急躁;疲劳感、生气、憎恶;情绪过敏和反应过敏;感情压抑;交流的效果降低;退缩和忧郁;厌烦和工作不满情绪;孤独感和疏远感;精神疲劳和低智能工作;注意力分散;缺乏自发性和创造性;自信心不足。

高校教师过度的职业压力不仅对生理产生不良影响,也对其心理产生不良影响。现有的研究和调查表明,高校教师身体健康状况堪忧,因心理因素而导致的健康问题很普遍,有些心身疾病已经成为危害高校教师身体健康的主要杀手。《古今医言》中说:"忧悲焦心,积乃成疾。"对高校教师而言,长期承受持续、过度的压力时,一般会产生以下不良影响:其一,处于焦虑、抑郁等不良情绪状态。焦虑、抑郁是一种持久性焦虑、恐惧、紧张情绪和植物神经活动障碍的心理失调,常伴有运动性不安、躯体不适感、情绪低落等。外界过高的工作要求和过大的工作负荷,会使高校教师感到力不从心,而对能力和水平怀疑,缺乏自信,感受到自尊心受到威胁而产生焦虑、抑郁,并在教学、科研等工作中,忧心忡忡,害怕教学失误,科研失败,缺乏教学激情,导致焦虑过度,表现出忧愁、烦恼、内疚、抑郁、不安等消极情绪反应;其二,不能有效地发挥认知功能及其他心理功能。过大的职业压力会使教师高度紧张,压抑,并严重影响其认知活动和心理活动,其中包括观察力迟钝、注意力下降、记忆力下降、思绪中断、思维混乱、决策反应速度变慢、活动效率降低等;其三,产生强烈的挫折感。由于能力与工作要求不相匹配,高校教师即使十分努力,也总是不能完成高难度的任务,因而体验到失败的痛苦,挫折感、无力感十分强烈,并因此自卑、自责,不能享受工作的快乐;其四,出现消极悲观心理。由于心理功能不能有效发挥,导致悲观、无效能感,并伴随自我怀疑、自卑、内疚、性格怪异、疑病、自我封闭、不好社交并感到十分孤独等,甚至出现更严重的心理疾病。例如,段(Dua)对高校教师的职业压力研究表明,职业压力过大的教师有更多的焦虑、抑郁以及更差的心理健康状态。另有研究发现,高校教师由于面临教学、科研和社会服务三重压力,且高校扩大招生导致高校教师工作负担普遍加重,其心理健康状况在不同类型的教师中是最差的,具体而言,幼儿园教师的心理不健康检出率为 29.5%,中小学教师心理不健康检出率为 31.4%,高等学校教师心理不健康检出率高达 56.6%。据《南方日报》报道,2007 年 1 月 20 日,有"美女"之誉的中山大学女教授、硕士生导师杨静,因工作压力太大,以跳楼的方式结束了自己的生命。事实上,近年来类似现象的发生在全国且正呈上升趋势。高校教师感到过大的职业压力,而这种压力又不能在短时间内得到有效缓解,久而久之,心理压力就会膨胀,结果导致心理紧张和心理疾病。如高校教师为了满足学校教师业绩考核的要求,起初承受着巨大的竞争和考核的压力,努力按考核要求去做,但有时付出的劳动和取得的成绩不能被肯定,便会出现苦恼、极端不安、气愤、悲伤等心理反应,同时感到困惑、焦虑、情绪低落、工作满意度降低,对心理健康造成消极影响。过重或持续的心理压力可能损害身心健康,使高校教师"累垮",导致"美女"教授那样的沉重后果。俞国良教授也曾明确指出:"若教师无法对来自社会、职业的压力做出有效的应对,就容易出现心理行为问题,从而导致心理不健康。"

3. 对工作的消极影响

高校教师的职业压力不但对其个体的身心健康带来严重影响,还引起工作满意度不高、工作积极性和工作热情降低、工作绩效低下、职业倦怠等,从而给学校发展带来不良后果。首先,导致教师工作满意度不高。过高的工作要求和过大的工作负荷，使教师感到力不从心，难以满足要求，非但不能体验到工作的满足和快乐，相反，饱尝挫折、失败的痛苦；其次，导致教师工作积极性和工作热情降低。正是由于工作满意度低，没有工作的快乐，工作自然对教师没有了吸引力，教师不会有强烈的工作动机，不会有巨大的工作积极性，也不会热爱工作，更不会全身心投入工作，不会表现出对学生、对教育事业、对教师职业的高涨热情；再次，导致教师工作绩效低。从职业压力对高校教师的工作绩效影响来看，毫无压力则工作缺乏挑战性，感受不到刺激，无需也无从很好地发挥能力，绩效必定较差。压力过大，则不再是动力反而是行为的阻力，因为压力过大，教师会出现不适当的心理特别是紧张、焦虑情绪，心理能量用在了对反常的情绪和行为的审视和调节上，影响认知等心理功能和创造力的发挥，工作绩效自然会差。更有甚者，导致心理障碍，以致无法或拒绝在压力下工作，绩效更是无从谈起；又再次，导致教师工作疲劳。心理学认为，职业压力如果管理不当，会导致工作疲劳。工作疲劳会导致耗尽能量、降低对疾病的抵抗力、不满意度和悲观程度增加、缺勤率上升和工作效率降低等一系列不良反应；最后，导致教师职业倦怠。根据 Maslach 等人的观点，职业倦怠是指在以人为服务对象的职业领域中，由于工作者无法应对工作或职业的高要求而出现的一种以情感耗竭、去个性化和个人成就感降低为主要特征的症状。高校教师以人为服务对象，其职业性质和巨大的工作压力自然容易使他们产生职业倦怠，这已为研究所证实。例如，有研究发现，高校教师压力感与职业倦怠的情绪衰竭、去个性化、个人成就感降低三个维度相关性显著。在职业倦怠下，教师也会有以下表现：一是情绪耗竭，表现为教师个体情绪和情感处于极度疲劳状态，工作热情完全丧失；二是去个性化，表现为教师个体以一种消极的、否定的、麻木不仁的态度和情感去对待自己的工作和学生，对学生再无同情心可言，甚至冷嘲热讽，把学生当作一件无生命的物体看待；三是个人成就感降低，表现为教师个体对自己工作的意义和价值的评价下降，对自我效能的信心下降，时常感觉到无法胜任，从而在工作中体会不到成就感，积极性丧失，不再付出努力；四是疏离工作，表现为不愿工作，期望远离工作场所，离开工作岗位，具体表现为称病、以各种理由远离工作、迟到、缺勤、请求调动、离职。例如，有调查发现，12% 的教师报告如果再次择业，不愿继续从事教师职业。加奇尔发现，由于过高的压力，教师缺课的天数以及提前退休的人数呈不断上升趋势。美国俄克拉荷马州立大学的巴恩斯和阿纳哥经过研究指出，高校教师流失主要原因是工作压力过大，如果大学想留住教师，就应该注重降低教师的工作压力，不解决因工作压力引起的问题，大学就难以吸收和保留优秀教师。对高校教师的观察也不难发现，教师队伍的流失率是很高的，这不仅表现为显性流失，同时也表现为隐性流失。显性流失是高校教师以各种方式跳槽，特别是很多青年教师和中年教师期望调离教育行业，到压力更小、收入更多的行业工作。隐性流失既表现为有些在教学、科研上很有成就并有很大发展潜力的教师期望流往行政队伍，以规避巨大的竞争压力；也表现为教师消极对待教学、科研等工作，将精力或时间用在其他事务上，甚至以病假、病休等方式期望远离工作，逃避工作。有研究明确指出，过重的职业压力容易导致高校教师的消极职业行为，如冲动、易怒、疲惫、难以沟通、产生职业倦怠感，甚至厌恶感，会影响到教师的人际关系，进而使得高校教师把自己所从事的工作当作不得以而为之，怨天尤人，对待教学科研工作和学生思想工作的专心程度下降、旷教、谩骂、讽刺或体罚学生，甚至离职。

第二节　高校教师职业压力的缓解策略

根据上文压力理论、压力及其产生身心历程的论述以及对压力原因的分析，要有效缓解高校教师职业压力可以从社会、学校和教师自身三方面构想策略。

一、社会缓解教师职业压力的策略

（一）向教师提出适合的期望与要求

社会各界要按教育教学的客观规律要求高校教师，科学公正地对教师提出适合的期望与要求。首先，认识到向教师提出不适合期望与要求的危害。不适合的社会期望与要求会给高校教师带来沉重的职业压力，这种压力会反过来影响教师的人才培养、科学研究等的效果，特别是影响教师完成维护和促进学生成长和发展的任务。因为师生之间具有强烈的"互动性"，教师对学生有着极强的影响力，教师所承受的职业压力与处理压力的方式所产生的影响，不仅仅是教师一个人的事情，它势必要潜移默化地影响到正在接受教育的处于成长过程中的大学生。不适合的期望与要求会通过消极影响教师而对学生成长和发展产生不良影响。因此，社会向教师提出适合的期望与要求显得尤为重要；其次，对高校教师的期望和要求不要过高。要根据高校教师的条件特别是能力、精力、时间等提出适合的期望与要求，不要提出过于超越教师能力、精力、时间等实际条件教师因而难以达到的期望与要求。要意识到作为职业工作者的教师也是人，也有各方面的需要，在向教师提出期望和要求时，不能一味地提期望与要求，而忽略教师作为人的需要，要充分考虑和满足教师个人需要。只有既提出适当的期望，又在提出适当期望的同时考虑和满足教师的需要，才能减少和降低教师的职业压力；再次，要根据高校教师职业特殊性向他们提出适合的期望与要求。一方面，高校教师劳动对象的复杂性决定我们不能单方面向他们提出过高的要求与期望，不能用衡量简单劳动的方法，用绝对量化的尺度来衡量他们的劳动，评价他们的劳动成果。另一方面，培养人的教育活动是一个周期很长的过程，教育活动又具有明显的滞后性和迟效性，十年树木，百年树人，而且一个人的成长过程经历了多位教师的培养，受多种因素的影响，学生质量如何，进步和发展程度，最终只有在社会中才能检查出，这就决定了对高校教师的期望和要求不能过于直接和立竿见影。

（二）提高教师地位与待遇

形成尊师重教的良好风尚，塑造良好的教师形象，这是有效缓解高校教师职业压力的关键所在。早在两千多年前的战国末期，荀子就有"国将兴，必贵师而重傅"的名言，在当今，科教兴国是我国的一项基本国策，教育要振兴，关键在教师，教育大计，教师为本。有好的教师，才有好的教育。尊师重教既是中华民族的优秀传统，也应该是当代中国倡导的社会风尚，自然也是提高教师职业的吸引力、减少和降低教师职业压力的不二法门。全社会应营造"科教兴国""尊师重教"的良好气氛，努力提高教师地位，尊重教师劳动成果，为教师们创设既让其体验成功又能展现才华的融洽、宽容、积极进取的工作环境。在这方面，我们可以借鉴国外的做法，比如说日本，1974年日本制定了《关于为保持学校教育水平，确保义务教师诸学校教育职员人才的特别措施》（简称《人才确保法》），大大提高教师地位。我国现已颁布《教师法》《教育法》《高等教育法》等，对教师的权利、义务、资格、任用、培养、培训、考核、待遇和奖励等方面都有了明确的规定，《国家中长期教育改革和发展纲要（2010—2020年）》明确指出，要提高教师地位，维护教师权益，改善教师待遇，使教师成为受人尊重的职业。这对改善教师的工作条件和生活条件、保障教师的合法权益、提高教师的社会地位有着法律效力和不可替代的作用。当前要加强加大执法力度，使高校教师的地位能真正得到提高，实惠能真正享受，真切感受到党和政府对他们的关怀和信任，感受到国家政策环境、法律、社会对他们的重视，从而体验到职业的自豪感和光荣感，认同职业，高度投入工作，减少和降低职业压力。

在市场经济体制下，任何一种工作都不能回避利益分配的问题，教师对于自身职业发展的态度在某种程度上取决于他们对职业发展给自己所带来的损失和利益的权衡。提高教师的社会地位不能仅仅停留于口头上，而要落实在实际工作中或行动上，这就是要提高教师的经济待遇。较直接的解决方法是增加对教师的物质鼓励，在经济上对他们的工作予以肯定，使他们的付出获得应有的回报。这不仅有利于提高高校教师的社会地位，使公众更加关注他们的工作，认可它们的劳动，吸引更多更有才华和能力的人加入高校教师职业队伍，而且有利于他们对自我价值的认识，提高他们对工作的热情和满意感，消除他们的职业压力。资源保存理论（Conservation of Resource Theory）认为个人投入珍贵资源却无法得到预期的回报时，就会产生职业压力和倦怠。为了避免教师产生投入或付出大于收益的损失感以及由此导致的不公平感、焦虑、不满，产生职业压力和倦怠，社会应该建立合理的利益分配机制和付出回报机制，在教师职业发展中，对教师可以获得的利益、回报予以明确的规定，并对教师取得的成果和进步给予一定的物质奖励，提高教师职业的经济待遇。

（三）为教师创设更好环境

首先是创设更好的工作物质环境。教育经济学认为，高等教育属于准公共产品，政府的经费投入是立国惠民之举。并且政府的经费投入也是改善高校教师工作条件的基本保证。"巧妇难为无米之炊"，教师要满足社会提出的期望和要求，完成教学、科研等任务，必须要有相应的工作环境或条件。因此，政府应进一步加大教育投入，为高校教师解决工作的物质条件问题。例如，有科研的经费、必要的教学设施、图书资料等，也有学术交流、出国研修、实现专业成长的必要经费和条件等，使他们不至于因工作环境差而产生压力。

其次是创设更好的工作自主环境。创设更好的工作自主环境包括坚持学术自由、教授治校，政府不干预高校的学术活动，充分发扬学术民主与自由，让高校教师自由、自主地开展教学、科研工作。只有这样，才会使教师心情舒畅，没有职业压力。

再次是创设更好的工作心理环境。社会应从心理、精神层面为高校教师创设更好的工作心理环境，使他们能及时有效地缓解压力。在部分西方发达国家，鉴于教师职业是高压力职业，教师是高压力群体，为了有效缓解教师的压力，由政府、教育部门和教师协会投资，建立了"帮助热线"，为教师提供与压力有关问题的免费咨询。有些国家还开办了帮助教师降低压力水平的研讨班，这种研讨班重点放在帮助教师学会自我缓解压力的方法，也帮助教师个人和学校作为一个整体来发展，寻找使当前不必要的压力最小化的工作方法。我国政府可以根据高校教师职业压力的实际情况，借鉴和学习国外的先进经验，对有职业压力的教师提供帮助和支持。也可以对教师进行职业压力应对能力的训练，提高他们应对压力的能力。事实上，近年来，我国已经出现了教师心理援助中心，旨在提高高校教师心理素质，帮助教师准确和充分地认识自我状况和现实环境，改变压力认知，缓解高校教师职业压力，还可以对高校教师进行有针对性的咨询和指导,帮助他们在面对压力时,学会自觉地调节自己的情绪,采取主动认知、主动行为的方式处理所遇到的问题和困难,避免对压力的不适当应对,从而达到自觉克服消极情绪、保持健康心态的目的,并自觉地提高职业能力和职业素养及心理承受能力,采取良好的职业压力管理策略,促使他们处于积极、乐观向上的状态,以旺盛的精力、丰富的情感、健康的情绪投入到教学科研工作中去。

二、学校缓解教师职业压力的策略

(一)确定适当的工作负荷

工作负荷体现了工作任务在数量和质量上的共同要求。研究发现,源于工作负荷过重的压力是教师的三大重要压力之一。前面已明确指出,长期高负荷工作是高校教师职业压力的主要原因之一,因此,为了缓解高校教师的职业压力,学校应确定适当的工作负荷所谓适当的工作负荷是指工作负荷与教师的能力、精力、时间等相适应,不是难度过高或数量过大,而是他们经过一定的努力能够完成的。

首先,确定适当的工作量。高校教师的工作量主要是指教学、科研等工作量,如教学课时、指导学生数、科研论著、课题等。美国的研究表明,高校教师每周的工作时间超过了 50 小时,不论什么类型的大学,多数教师每周工作 45～55 小时;另有研究发现,韩国、日本和加拿大高校教师的周工作时间在 50 小时以上。美国的研究表明,20 世纪 90 年代初高校教师制度化的周工作量为教学 8.5 小时、科研 2.98 小时、指导 2.47 小时。除了这些制度化工作时间外,教师教学还需要花费较多的准备时间。而我国有些教师周教学工作量高达 20 小时甚至更多,显然会给教师造成莫大的职业压力。要有效缓解教师职业压力,一方面,要根据多数教师的实际,确定他们都能够在一定努力下完成的工作量;另一方面,要根据教师特长、职称、年龄等确定适当的工作量,充分体现出差异性。有些教师擅长于教学,制定工作量时可以给他们安排相对多一些的教学工作量和相对少一些的科研工作量;相反,有些教师科研能力很强,制定工作量时就可以安排相对多一些的科研工作量和相对少一些的教学工作量。这样一来,不仅可以做到因人制宜,人尽其用,也可以降低他们的工作压力。青年教师如助教、讲师年富力强,精力充沛,教学工作量可相对多些,新近晋升的中青年教授科研能力突出,并且都有在科研上大干一场、取得更大科研成就的要求和精力,他们所承受的工作负荷就可以相对大些。年过 50 的教授、副教授甚至讲师,精力已不如青年人,身体可能有疾患,安排的教学、科研等工作量就要相对少些。

其次,确定适当的工作要求。学校的评估、考核要求特别是科研要求过高、难以通过是导致目前高校教师职业压力的一个重要原因，高校教师特别是重点大学的教师感到教学任务重、科研压力大已是不争的事实。为改变这种状况，大学应根据教师的身心状况、时间和精力、能力水平等确定适当的工作任务和评估标准，使他们凭借一定的努力能够完成，顺利通过评估或考核，避免工作负荷过重。

（二）构建合理的管理制度

研究发现，源于学校管理与制度的压力是教师的三大重要压力之一。前面也明确指出，学校管理给高校教师带来的职业压力主要是教师工作成果不可预知性和难以衡量性与管理刚性的冲突造成的。管理者不适宜的价值取向，违背学术规律的评估、考核制度等，给高校教师造成了许多压力。为了有效缓解高校教师的职业压力，管理者应该坚持以人为本，根据高校教师作为知识型员工的特点，考虑教师的社会心理需要，构建合理的管理制度。

其一，构建人本管理制度。"以人为本"的"本"是本源、本体、根本之意，"以人为本"就是追求对人本身的关怀，完整而全面地关照人、关怀人，就是追求对人的自然性、社会性、物质性和精神性的关爱，满足人的理性及情感要求，促进人的肉体和心灵的和谐发展。高校教师管理与一般管理的不同之处在于管理的对象——高校教师是文化层次比较高的群体，其需要具有物质需要朴素性和精神需求突出性的特点，在被管理过程中较为关注管理的情感因素和柔性因素，对于人本管理的需求更为强烈，要求管理者在管理中研究人、关注人、关心人、满足人的需要，促进人的发展。根据梅奥的社会人理论，人不仅有物质需要，更有社会心理需要，管理者不应只注意工作、完成工作任务，而应把重点放在关心人、满足人的社会心理需要上。美国俄亥俄州立大学斯托尔区分了关心人和抓工作两种管理方式，密西根大学的研究表明，员工取向即关心人的领导方式较生产取向即抓工作的领导方式给员工带来更高的满足度和绩效。因此，高校要构建人本管理制度，实施人本管理。所谓人本管理就是指通过不只看重工作、更要关注和关心满足教师需要实现管理。高校管理者不应该只注重工作目标的实现和工作任务的完成，而要关注和满足教师的社会心理需要，关注教师的情感，通过与教师情感上的沟通和交流，建立良好的人际关系，使教师产生愉悦的情绪，从而心情舒畅地工作，提高工作效率，完成工作任务；高校管理者应当积极支持教师工作，及时肯定教师的成绩，使教师感到自己的工作受到尊重、得到信任，从而帮助教师将工作压力转化为动力；高校管理者应关心教师生活，尽可能地改善教师的生活、工作条件，解决教师的一些实际困难；高校管理者应创造条件，多举办有意义的活动，丰富高校教师的生活内容，并通过活动排解教师的工作压力。

其二,构建参与管理的制度。教授治校体现在教师参与管理上,体现在把学术权力还给教师,让教师参与管理,发挥管理的民主性。作为知识的拥有者和创新者的学者们,不仅应当拥有积极从事创新、维持、批评和促进多元化的学术自由,还应当拥有与他人相同的参与学校事务决策尤其是参与学校重大事务决策的权力。莫迪说:"在大学内部,流行的现实可以概括为'知识权利'。意义就是,在任何领域决定权应该为有知识的人共享,知识最多的人有最大的发言权,没有知识的人无发言权。"这句话虽有过头之嫌,但说明了作为教学与科研活动直接参与者的教师最贴近、最了解学术活动本身的特点,对学校的学术事务应该最有话语权,学校应该构建教师参与管理的制度,保障他们参与学校管理。例如,参与对教师的评价。对教师的学术评价要遵循学术规律,考虑学术研究的特点:学术研究的动力有赖于对自然界和社会现象的好奇心,而非屈从于外部压力或功利主义的考虑;学术研究的过程具有个体性、长期性和复杂性,要能坐得下,能排除和抵御来自外界的诱惑;学术研究的前景具有极大的不确定性和模糊性,可能出不了成果。这些决定了学术评价要依据学术标准,排斥外在强加的非学术标准,既不能过分地追求时间和效率,又不能频繁地考核和过分的量化,以避免教师产生巨大的评价压力。参与教育教学改革。改革是这个时代的主旋律,同时也是当下高等教育的主旋律,教师作为学校的主体对改革特别是学术事务的改革最有话语权,如果不遵循学术规律,改革的步伐过快,范围太广,程度过深,作为改革设计者的管理者对学校的实际情况了解不充分,不让教师参与,必然遇到教师的强烈抵触,对改革造成消极影响,也导致教师压力的产生。在学校改革中,必须增强改革的透明度,让教师参与,其中包括请教师提供建议、参与策划,为教师提供足够的改革信心。《中华人民共和国教师法》第七条规定:"教师对教育教学、管理工作和教育行政部门的工作提出意见和建议,通过教职工代表大会或者其他形式,参与学校的民主管理。"高校教师参与民主管理的主导形式是参与学校决策的制定。通过参与学校决策的制定,使高校教师对决策结果产生认同感,感到自己是决策的参加者,从而消除某些对新作出的决策的抵制心理和由此产生的职业压力。

其三,构建合理的发展性教师评价制度。发展性教师评价是以促进教师专业发展为目的的一种评价制度,根本目的是让教师了解自己的长处和不足,帮助教师制定针对性的个人发展规划,促进教师提高专业素质、教学技能,其评价体系具有更加科学、更加人性化、更加符合教师职业的特点,使教师在接受发展性评价的过程中,充分了解学校对他们的期望,既有助于激发教师自身发展的内部动力,又有助于缓解教师的职业压力。其一,要避免评价结果运用的功利化倾向,弱化评价的单一鉴别功能,强化评价对教师反馈、激励等多元化功能。反馈是教师评价的一个重要功能,通过对教师的评价,及时将教师存在的问题反馈给教师,使教师及时了解到自身工作中存在的问题,进行改进和调整。激励是教师评价的另一重要功能,要通过对教师的评价,使教师体验到工作的成功感,并因此具有进一步做好工作的愿望和积极性;其二,增加高校教师对评价的参与。为了避免教师评价目标不适当、内容繁杂、方案不合理的现象,可以通过让教师参与到教师评价目标的确立、评价标准的制定、评价内容的选择、评价的组织实施中,增加教师对评价的接受度、认可度,调动他们参与评价的积极性,消除由于不理解、怀疑、抵触、不满评价而产生的焦虑和压力;其三,提倡教师之间的相互评价。发展性教师评价要有利于教师间的合作和人际关系的改善,因此,要提倡教师之间的相互评价,即同行评价,相互评价一般能为教师的发展提供更准确的信息。要鼓励教师通过相互评价,以达到密切配合、相互支持、共同进步与提高的目的,形成和谐、融洽的同事关系,消除同事人际关系间的紧张气氛和压力,心情舒畅地工作;其四,营造宽松的学术环境,构建合理的科研评价制度。对教师来说,进行学术研究的灵魂是创新,创新是一种智力活动,受到他们的情绪状态的影响,而高校的工作环境直接影响教师的情绪。这就要求为教师营造宽松的工作环境。正如斯坦福大学前校长肯尼迪所言,"大学如果要使学者处于最佳工作状态,需要放松对他们的控制"。中科院院士、原复旦大学校长杨福家教授提出高校"不仅要有大楼、大师,更要有大爱"。什么是大爱?让教师拥有宽松的教学和学术环境,这就是大爱。他举例说,美国科学家纳什在1950年就以他的博士论文开创了世界一个新的领域。纳什的精神出了毛病后,普林斯顿大学的宽容使他在这个环境中生活了30年,学校给予他极大的爱护。后来,纳什身体恢复了,1994年拿了诺贝尔经济学奖。1985年,怀尔斯当上普林斯顿大学教授,9年中没有任何文章问世。学校让他静心攻克世界上最大的难题。九年后,他成功了,破解费马定理。可见,学者们出大成果离不开一个宽容的环境。为此,我国高校应尽快建立适合高校特点的科学评价机制,真正把广大高校教师的科研负担和压力转化为工作的动力。

(三)营造和谐的人际关系

前文明确指出,高校教师人际关系不和谐是其职业压力的一个重要原因之一,因此,为了有效缓解其职业压力,必须营造和谐的人际关系。

首先,需要营造和谐的师生关系。罗杰斯认为,良好的人际关系应该以真实、尊重和理解为特征。教师在处理与学生关系时要明确教师角色,重塑教师形象,真正理解学生,公正对待学生,既做学生的导师,又做学生的朋友。大学生作为大学校园内最活跃的力量,他们是否尊重、敬重、配合、支持教师,直接左右着教师的工作情绪和情感体验,对于缓解教师职业压力具有非常积极的作用。作为高校教师的直接接触对象,在校大学生这一群体在教师的职业发展过程中起着重要作用,他们会根据教师的教学科研能力、人际亲和力、人格魅力作出自己的评价,形成自己的看法,大多数学生所认同的看法就是学生群体对教师的评价,这种评价对教师会产生重要影响。一方面,会影响教师的工作情绪和压力;另一方面也会刺激教师作出各种各样的调整。因此,应该营造和谐的师生关系,教师关心、帮助、爱护学生,学生尊重、理解、支持教师。学生对教师的亲近和热情有助于缓解高校教师的职业压力,使教师变得自信、开朗,对工作充满热情。从深层次来看,师生间的和谐关系能够促使教师对自身各项工作自我察觉和反省,从而帮助教师减轻工作压力,更好地开展工作。

其次,营造和谐的教师关系。社会心理学家明确指出:教师通过与他人相互交往,可以获得更多的社会支持,在心理上产生社会安全感、信任感和归属感,从而最大程度上释放心理压力。然而,从一定程度上说,教师劳动是个体劳动,文人相轻的文化传统仍对今日高校教师有不小的影响。自我封闭、孤芳自赏、相互轻视、缺乏合作是高校教师职业压力难以排解的主要原因,因此,高校要营造和谐的教师间人际关系,鼓励教师相互尊重、理解、支持、合作,共同谋求进步、发展和提高,共同分担问题或烦恼,用适当的方式宣泄消极情绪,排解职业压力。只有这样,教师才会不再将个体承受的职业压力看作是一种个人失败,由于个人无能及对工作的不胜任而引起的,而是将职业压力看作"有趣的、可以理解的、在人们面对高标准高要求及不确定性时不可避免的产物"。

再次,营造教师与管理者之间的和谐关系。研究发现,高校教师的工作压力感与上级的社会支持相关,教师感知到的来自上级的关心、信任、支持以及价值认同越大,其工作压力感越小。对于高校管理者来说,如何创造一个良好的人际氛围,把全体教职工凝聚在一起,营造人人平等、团结人、尊重人的组织氛围,对于缓解教师的职业压力具有极其重要的作用。管理者应该明确自己与教师的关系是平等的关系,自己与教师只是分工的不同,与教师在人格上是平等的,做教师的知音与朋友,注重尊重教师,善于尊重教师,尊重教师的人格,尊重教师的工作,尊重教师的合理需要,关心每一位教师,关注每一位教师的价值和奉献。管理者应赋予教师更多的专业自主权与更高的工作自由度,充分相信教师的智慧和能力,对教师的工作应当给予热情的鼓励、积极的支持和真诚的帮助,焕发教师的工作热情,促进教师发挥聪明才智,展现能力特长。管理者应当体察教师的困难,关心教师的工作学习和生活,急教师所急,尽力为教师解决实际困难与问题,让教师感到温暖,从而使教师全身心投入到教育教学与科研工作中。管理者应为教师提供更多参与学校决策的机会,这将有助于激发教师的工作热情与动力,从而使教师具有更强的责任感与归属感,产生工作的满足感。

三、教师缓解职业压力的策略

(一)正确评估压力事件和自身应对能力

前文指出,高校教师职业压力是高校教师在工作中面临无力应对或自认为无力应对的威胁性情境或事件而出现的身心反应。根据这一定义,高校教师要缓解职业压力就必须正确评估压力事件和自身应对压力的能力,这也是高校教师有效缓解职业压力的前提。

首先,正确评估压力。教师要明确压力的来源和性质以及威胁程度,是什么原因导致自己感受到压力。只有明确了职业压力的来源,区分自己所面对的压力源哪些是可控的,哪些是不可控的,哪些是长期的,哪些是短期的,才能对其进行有效的控制,找到最有效的缓解职业压力的方法。压力是主观的,教师所承受的压力可能是真实的,也可能是主观的,工作中的压力事件或情境是否对教师造成压力完全取决教师对压力事件或情境的评估或判断,也就是教师是否会经历压力依赖于教师怎样看待压力事件或情境。教师正确评估压力事件,或者变换思维方式,改变对压力事件的认知,就会减少或降低职业压力。面对压力事件,教师如果以乐观的态度对待,就会体验到相对较小的压力。

其次,正确评估应对能力。教师要冷静、客观地结合个人的能力、水平、现有的工作条件、已经具备的工作基础和成绩等,正确评估自身应对压力的能力,不要低估或高估自己的压力应对能力。只有正确地评估压力、应对能力,对自己的应对能力充满信心,教师才不会担心和畏惧压力,也才会努力去寻找解决问题、应对压力的办法。

(二)提升职业素养与能力

知识不丰富广博、教学科研能力低、职业素养欠缺等使教师难以满足学校和学生对教师的要求,也不能完成教学科研任务,遭受挫折的打击,饱尝失败的痛苦,因而体验到巨大的工作压力,因此,教师要通过不断地学习、持之以恒地实践锻炼提升自己的职业素养和能力。

其一,丰富知识素养。教师要有精深的专业知识、广博的相关学科知识、系统的教育学科知识，其中包括一般教育学知识、教学法内容知识和学科教学法知识，提高教师对教育规律的认识，注重教师教育哲理的形成，丰富教师在管理策略、教育教学活动设计、方法选择、现代教育技术运用及教育研究等方面的知识，并在教育教学实践中有效而灵活地运用知识。

其二，提升职业能力。一是教师要有娴熟而精湛的教学能力。教学能力是教师完成教学计划、实现教学目的、取得教学成效所必须具有的能力，主要表现为教学认知能力、教学设计能力、教学管理能力、教学操作能力、教学创新能力。教学能力对教师处理教学中的问题、避免教学失误、取得教学成功起着重要作用，也可以有效减少、降低教师的教学压力；二是教师要有杰出的科研能力。科研能力主要包括学科专业科研能力和教学科研能力。科研能力的提高是教师实现专业化、成为专家型教师和杰出学者的要求。教师一方面要正确处理好教学与科研的关系，具有处理教学与科研冲突、协调教学与科研关系的良好能力，用科研促进教学，用教学带动科研，有效避免因教学科研的两难而焦虑和紧张；另一方面要通过探索、创新不断地提高科研能力，提升学术水平，促进教学的改善，推动科学的发展；三是教师要提高学习能力。教师应不断学习，只有在不断学习中知识才能融会贯通、兼容并包、消解内化。《学习的革命》的作者明确指出："生活中的重大突破都来自于全新的答案，它们来自于挑战现状，而不是接受现状。"然而，人类知识"滚雪球"式的激增，知识更新速度的加快，使得教师不可能掌握所有更新的知识。因此，提高学习能力，成为比掌握知识更为重要的一项素质。学习化社会的到来，教师角色从知识传递者变为学习指导者，更需要教师提高学习能力，掌握适合自己特点的科学学习方法，善于运用现代信息处理技术，紧跟时代步伐，不断地更新知识，调整知识结构，做终身学习的典范。四是教师要提高处理工作—家庭冲突的能力。工作—家庭冲突指教师因工作时间、压力等对家庭相关责任的干扰或指因家庭方面需求而产生的对工作责任的干扰，高校教师既是工作者，又是家庭成员，扮演这两个角色时出现冲突，往往导致教师产生压力，为了避免压力，教师要提高处理工作—家庭冲突的能力。

（三）提高压力应对能力

Matheny 认为，应对压力有预防模式和斗争模式。预防模式包括：①调整生活，躲避压力源。②调整要求，使与个人资源相符。Kyriacou 的研究表明，完美主义倾向会给教师带来较高的应激；③改变造成压力的行为方式，如急躁、冲动和过分焦虑等。Fontana 和 Abouserie 的研究表明，神经质和高应激水平有较强的相关，内向性和应激也明显相关；④扩展应对资源。如树立信心，建立自我效能，寻求社会支持。

斗争模式包括：①监控压力源；②集中资源；③运用问题解决、信息寻求和社会技能消除压力源；④容忍压力源。当压力源无法消除时，认知重组可以改变事件意义，或改变对情境控制能力的认知。如全面地看问题、换角度思考、转移注意力、停止思考、幽默等；⑤降低唤起。包括放松、倾诉和宣泄。体育活动、合理管理时间和有兴趣、爱好也是应对压力的好方法。另外，坚持以问题为中心，而不是以情绪为中心向别人适当地倾诉也可以降低压力。

研究发现，应对方式与高校教师工作压力显著相关，具体而言，高校教师工作压力与解决问题显著负相关，与合理化、幻想、退避、自责显著正相关，解决问题与求助是一种积极的、具有较好适应性、反映成熟人格特征，有助于缓解压力、维护心理健康的应对方式，幻想、退避、自责是消极的、被动的和不利于缓解压力的应对方式。根据前面的论述，高校教师提高应对能力，必须做到正确的认知应对、有效的问题应对、合理的情绪应对、适时的预先应对。

高校教师要善于获取社会支持。Matheny 等通过文献综述发现了社会支持、信念和价值、自尊、有信心的控制和良好状态等五种应对资源。在心理学上，社会支持是指一种特定的人际关系，有了它，就意味着有可以信赖的人在尊重、照顾和爱护自己。当一个人在遇到心理压力时，其能够从这种社会支持关系中获得有效的帮助。我们常常引用《周易》中"天行健，君子以自强不息；地势坤，君子以厚德载物"来自勉。作为一名高校教师，尽管不能缺少这种厚德载物的品性和自强不息的心志，但他人的支持也十分重要。在危机中，如果自认为有足够的能力、责任和智谋，而且自己想办法解决问题而不是寻求别人的帮助，自己将会在"坚强"中遭受痛苦，虽然这会使我们以一种坚强的姿态出现在别人面前，但独自处理困难也会增加我们的压力。具有完善支持系统（朋友、家庭、同事、专业医师）的人比没有支持系统的人能更好地处理压力。当面临无法改变的困境时，那些善于倾听和提供情感支持的朋友对教师是非常有帮助的。因此，教师要建立丰富的社会支持系统，善于在面临困难、遭受挫折、产生压力的时候，获取社会支持，其中包括工具性支持、情绪性支持、信息性支持、咨询性支持。

高校教师要学会自我放松。自我放松是指通过自我调节使自己的精神得以松弛的方法。简便易行的常用办法有：其一，聚会聊天。教师在紧张的工作中要抽点空闲与同事或朋友一起聚会闲聊，营造轻松的气氛，从而使紧张的心情得到松弛；其二，倾诉。教师有了压力和烦恼时，可以向信赖的朋友倾诉，即使不能得到他们的指点，也会感到轻松。也可以通过写日记的方式向自己倾诉，以释放压力；其三，旅游。到景色宜人的地方去旅游,可放松心情;其四,运动。肌肉放松可以调节情绪紧张度,减轻压力感;肌肉紧张也能减轻情绪紧张,缓解心理压力。教师可以通过参加体育运动,达到释放消极情绪的目的。

高校教师要进行有效的时间管理,安排好生活节奏。根据杰克·弗纳的观点,时间管理就是"有效的应用资源,包括时间,以便我们有效地取得个人重要的目标。"高校教师的工作是一项复杂的工作,它要求教师课内课外都要付出很多时间和精力,因此,时间安排妥当与否对教师的压力会造成影响。使用一些简单的方法进行时间管理,可以提高工作效率。如周详的规划自己的时间,罗列每日需完成的工作项目,依其重要性排出优先级,利用最有效的时间处理最重要的事务,减低因延误耽搁而产生的压力。有效的时间管理必须要注意以下几点:首先要树立珍惜时间的观念。要有效管理时间,一是必须珍惜时间,只有感到时间宝贵,才不会轻易浪费时间;二是做好时间安排计划。时间管理的前提是要有计划,良好的时间安排计划是有效节约利用时间的法宝。最好每周每天都制定工作计划,把必须要做的事情都列出来;三是依据工作性质统筹安排时间。针对不同工作,合理分配、统筹安排时间,使工作活动取得整体的最佳效果和最高效率。其次要安排好生活节奏。切忌长时间埋头工作,心理学研究认为,持续的兴奋状态,不仅伤害脑细胞,而且超越大脑皮层工作的临界度值,出现效率曲线的低谷点。遇到伤脑筋的问题可以选择暂时回避,更换一下环境,待头脑清醒一些之后,再回头解决难题,往往事情就好得多。适当从事家务劳动,可以调节紧张的生活节奏,使情绪得到松弛,减轻心理压力。

参 考 文 献

[1] 姚利民,等.高校教师心理与管理研究 [M].长沙:湖南大学出版社,2013.

[2] 张桂华.高校教师心理健康概论 [M].哈尔滨:哈尔滨地图出版社,2006.

[3] 曾晓娟,阎晓军.高校青年教师心理资本研究 [M].沈阳:东北大学出版社,2019.

[4] 李兰巧,肖毅.高校青年教师心理特征实证研究 [M].北京:知识产权出版社,2017.

[5] 王斌.我国高校体育教师心理资本特征及影响因素的研究 [M].天津:天津社会科学院出版社,2019.

[6] 张俊.当代高校教师心理健康教育 [M].长春:吉林大学出版社,2017.

[7] 梅红.领导行为与高校教师心理契约研究 [M].北京:中央编译出版社,2013.

[8] 鲁娟.转型期高校女性体育教师的心理健康素质研究 [M].吉林出版集团股份有限公司.2018.

[9] 周喜华.高校教师职业心理发展与辅导 [M].北京:人民出版社,2016.

[10] 王瑞文.高校组织环境下教师心理授权研究 [M].北京:中国社会科学出版社,2015.

[11] 邹循豪.高校体育教师心理契约与工作状态关系研究 [M].长沙:湖南人民出版社,2015.

[12] 丁湘梅.新建地方本科院校教师心理资本状况及其影响 [M].上海:复旦大学出版社,2019.

[13] 邹泉.高校思想政治工作中的心理教育机制的构建研究 [M].沈阳:辽宁大学出版社,2019.

[14] 李力.教师职业心理资本的测量与开发 [M].厦门:厦门大学出版社,2017.

[15] 唐波.高校教师思想政治工作研究 2018 年卷 [M].上海:上海人民出版社,2019.

[16] 李方.高校人文社科学术研究论著丛刊 新时代高校辅导员工作理论与实践

[M].北京：中国书籍出版社，2019.

　　[17] 李建华；姚文佳副主编；刘铁芳主审；湖南省高等学校师资培训中心组织编写.高校教师职业道德修养 [M].长沙：湖南师范大学出版社，2015.

　　[18] 史万兵.提高高校教师绩效的理论与方法研究 [M].沈阳：东北大学出版社，2016.

　　[19] 张振飞，范明英.应用型高校文化建设创新与实践 [M].北京：光明日报出版社，2018.